哈瓦那，

Habana—Mi Amigo

我的朋友

張曉冬
Austin Cheung

PREFACE ▪ 自序

記憶，必須記住的是值得回想和美好的事物，那些令人魂牽夢繫的場景與人們。一種氣味、一件物品、一個場景喚起一個人對一座城市、一個國家和一種文化的記憶，這樣的記憶鐫刻在腦海中，時不時浮現，令人思念。

我對於古巴以及哈瓦那的記憶便是如此。當 2004 年乘坐 COBA 航空降落在加勒比海這個島國時，我的雙腳踏上了古巴的國土。當計程車載著我一路狂奔在褐色田野間，我的雙眼開始搜尋書中描述的古巴。

一晃，時間就流逝了，2017 年我再次去了古巴，哈瓦那和千里達鎮依然保留著我記憶中的影像——那些熟悉的氣味、街名、老爺車、燦爛的笑容、歡快的樂曲和舞步以及貼心的問候。十三年中我六次拍攝哈瓦那，古巴在慢慢改變，民宿、商品市場、商店和攤販、餐

館和舞廳多了，遊客多了，古巴人出國工作也多了。在武器廣場的一家餐廳用餐，侍者告訴我，他女兒去了中國的哈爾濱，為一個古巴樂隊演奏，他給了我女兒的姓名和聯絡方式，希望我有機會去那裡時代他看望；在所住的民宿，服務員告訴我她兒子在西班牙的巴塞隆納讀書，希望留在那裡工作；在濱海大道，一位長者告訴我，他的願望是去中國北京看看。哈瓦那古城歷經幾百年歷史，巴洛克時期的建築維護完美，仍然在使用中。縱使牆面剝離，門窗破損的古老建築，古巴人也絕不輕易拆掉重建，因為他們珍惜過去的記憶，需要後人瞭解古巴的痛苦與快樂。

在哈瓦那我很少乘坐計程車，步行是瞭解這個城市和人的最佳方式。我不驚動被拍對象，可是如果可能，我一定不會放過與他們聊天的機會，甚至去他們家坐坐，結識他們的朋友或者參加他們的活動。所以，我經歷了古巴人的婚禮、看到了古巴人拍攝電視劇、在海邊打太極拳的年輕人，與在餐廳實習的大學生相識，在畫室看畫家作畫，與路邊清潔工攀談。這個城市具有超強的魔力，她讓我深深著迷，我甚至想住下來生活一段時間。

每次到哈瓦那，我會一個人呆呆地坐在濱海大道的海堤上面對浩瀚的大西洋，深深地凝望。那一刻，我置身於一個靜靜的世界，被藍色環繞，呼吸著藍色，揮舞著藍色任其肆意瀰漫；有時我會一個人安靜地坐在街邊咖啡館，漫無目的地望著走過的路人，欣賞他們的樣子，

也會拍下有趣的畫面。在畫家 Pedro 的畫室，我會點燃一支雪茄，透過飄浮的煙霧欣賞他作畫，我在想，坐在畫架前的那個人應該是我；傍晚的街道被忙碌充填，我坐在民宿的樓頂天臺，看著鄰居街坊的各種生活樣貌，思緒瞬間被拽回到我的童年、少年和青年時代，我的家就是這樣被鄰居和街坊包圍，每天我都可以通過氣味識別鄰居家炒的什麼菜，通過聲音辨別鄰居家的喜怒哀樂……

我的家鄉在中國西安，一座歷經十一個王朝建都的千年古城。厚厚的城牆依然圍住城區，十幾公尺高的城牆上可以騎著自行車環城十幾公里，感受古城的朝陽和落日、感受小巷裡傳出的吆喝聲、感受那來自千年文化的積澱氛圍。當我手提相機穿行在哈瓦那老城區的巷子裡，當我夜宿巴洛克建築中的民宿時，我回到了古城西安。哈瓦那的清晨，三輪車打著鈴載著上班的人們，母親們領著穿著校服的孩子匆匆趕往學校，如今的哈瓦那街頭開始有私有攤販出售早餐，周圍會圍著孩子們；黃昏時分，忙碌一天的人們帶著倦容回家，巷子裡開始忙碌，有去商店買菜的，有在街邊聊天的，還有孩子們到鄰家串門的。生活就是這樣重複著，我的孩童時代就是這樣。眼前的場景帶我穿越，回到古城裡那個窄小而溫馨的家，沒有憂慮只有歡樂。辛苦一天的父母開始為我們忙碌，現在我才覺得那時的珍貴和美好。

每當此時，我都問自己，為什麼愈來愈孤獨……

　　很多次拍攝完成後，我行走在寂靜的街道上，看著路燈投射自己的影子和旁邊屋裡的燈光，我莫名地想家，那種孤淒和失落難以忍受。我始終感到哈瓦那適合我的情緒和情結，適合我拍攝一種心情，也許這也是哈瓦那的心情。

　　從膠片開始到數位時代，我拍攝了大量哈瓦那的生活和城市。古巴人強大的內心源自於自信、自立和自豪。民族自信和國家自信體現在每個古巴人身上。在古巴我得到啟示，物質匱乏無法影響精神愉快，幸福來自內心而非外界，內心強大和自信是古巴人保持其美好文化和傳統的真理。在我走進哈瓦那大門的一刻，我意識到我喜歡這個城市的一切。

CONTENTS ▪ 目 錄

Scene

　　古巴是中美洲加勒比海北部、由四千多個島嶼組成的島國，北方靠近美國佛羅里達州，西邊是墨西哥，南面牙買加和開曼群島，東邊則是巴哈馬、海地和多明尼加共和國。與台灣時差 13 個小時。主島古巴島是加勒比海的第一大島，首都哈瓦那就位在古巴島上，也是最大的城市。

古巴實行雙貨幣系統，一是本地人使用的「古巴比索」（CUP / Cuban Peso），另一種是針對外國人使用的「古巴可兌換比索」（CUC / Cuban convertible peso），官方匯率 1CUC=25CUP。由於古巴是採用社會主義制度的國家，一般人民生活所需可以較低的價格取得，而外國人不在受照顧的範圍內，必須收取較高的金額，因此很多商品都有兩種標價。理論上旅客在古巴消費只能用 CUC，若以 CUP 消費也可能因為是外國人而被收取較高的費用。

初次踏上古巴國土

2004 年二月的一天我飛抵古巴哈瓦那，那是我第一次去古巴旅行。對於古巴的瞭解僅限於切·格瓦拉與古巴的故事和古巴女排的強大。事先預定的是國家大飯店，他們安排車在機場接我。領取行李花費很多時間，過海關也排了很長的隊。進入古巴，邊境檢查沒有使用電腦，員警只是查看護照上的一張郵票樣的簽注便放行。去古巴只是在任何國家的機場裡航空公司櫃檯或旅行社支付 20 美元便買到這張古巴入境簽注。員警不在護照上蓋章簽字，當時在想是否因為古巴被美國制裁，他們為了不給遊客留下訪問古巴的證據才出此招數。

國家大飯店是古巴領導人卡斯楚接待外國政要的地方，一樓大廳展示許多歷史性照片，外面是泳池和吧台。入住後我收看電視，想透過電視節目瞭解一些古巴的資訊，可是幾個台全部看完也沒看懂。後面的一周我便是漫步在哈瓦那老城和新城裡，腦子裡急速吸收各種市民生活資訊，手裡的相機不停拍攝，每天至少用掉十或十五卷底片。來之前一直擔心會吃不到東西，因為古巴實行配給制，食物和日用品如此，其他生活用品也差不多。國營商店的貨架上空空如也，櫥窗裡陳設的樣品顯得陳舊。街上只有少數麵包店、副食店，偶爾看到菜市

場，卻只能見到馬鈴薯、洋蔥等蔬菜。而事實上我一點也沒有受到委屈，街上的飯店和裝修漂亮的餐館只接待遊客，一餐飯花費大約 10 美元，所以在古巴作為遊客我完全沒感受到饑餓。水晶山咖啡、蘭姆酒、雪茄是古巴三大國寶，第一次去我就使勁享用，臨走買了很多咖啡，而雪茄沒敢帶太多。

初次到訪古巴就被一臉憂鬱的古巴人所吸引。本以為他們對於外國人比較防範和謹慎，殊不知骨子裡卻是熱情和奔放，一旦聊幾句，便可以無話不談。所以聊得愈多，愈激起我對古巴人的好奇——為什麼物質如此匱乏的社會，人們內心是陽光和快樂？為什麼他們可以滿足地活在自己的世界裡？為什麼他們很少抱怨？為什麼鄰里和睦、路人相敬？短短的一周過去了，我有點捨不得離開哈瓦那，因為我透過攝影認識了一些古巴人，他們為我講述了與外界媒體不一樣的古巴，而我真切體會到他們講述的事實存在。

如此小的國家，在被封鎖幾十年後依然保持樂觀、開明和向上的精神多麼不易。從 2004 年開始，我便每隔二年去古巴拍攝，不但記錄了古巴十三年的變化，更重要的是交到很多朋友，讓我在古巴有回家的感覺。

Mi Amigo

民宿主人 Eva

　　入住民宿的第二天一早，一位名叫 Eva 的女人找我，她身材胖胖的，笑得很燦爛地來到民宿前廳。我上前行過吻禮，便聽她說自己就是網上一直跟我聯繫的民宿主人，這棟樓的七間房都已住滿，隔壁還有一間房在半年前已經被預訂，說著就拉著我去參觀。進門是吧台和廚房，樓下和樓上各一間房，放置大床一張，洗手間在一樓。我細看裝修，手工非常漂亮，洗手間和廚房器具光亮如新，這間屋子很溫馨，米色主調，黑色傢俱，主人品味不俗。正在聊天，一位女人開鎖進來，Eva 介紹這是她請的幫工，早上過來煮咖啡。

我們坐在吧臺上聊她女兒，大學畢業後去了歐洲，現在定居在法國。她跟丈夫租了旁邊的二層樓，買下這間公寓，古巴政府允許國民買一間公寓。辦民宿需要申請並按月支付很高的稅金，不過因為更多遊客的到來，還是賺錢的。古巴各地的民宿有用自家多餘房間改造的，也有如 Eva 這樣租房裝修。我在中部古城千里達（Trinidad）住的 Babara 家就是他們自己的房產。在那裡的幾天，他們請的工人正在裝修空房間，所以直向我表達歉意，並在早餐和午餐時特意給我加菜，實在讓我感激古巴人的熱情和真誠。也許跟他們的生活習慣有關，我住過的民宿有小有大，可是都很乾淨整潔。住不同民宿有利於我到家中拜訪以及與他們交往，甚至結識他們的朋友，這樣便輕鬆拍到我計畫中真實的古巴。

Eva 希望我拍些照片在中國推廣她的民宿，我說不如我出錢做你民宿的股東吧！她一聽立刻抱住我親了一口。

咖啡好喝！Cubita 產於古巴中部山區，與雪茄一樣優秀。三明治做好了，麵包片烤得金黃，塗上一層

民宿主人 Eva

奶油，香味四溢，夾了雞蛋和黃瓜片，還有一碗麥片，裡面混合了各種果仁，跟我自己在家做的早餐一樣健康。末了，幫工給我一盤水果，木瓜、柳丁和蘋果，切得整齊。

看樣子 Eva 還要聊天，我便說要出去拍照了，不然陽光升直就不好拍了。她告訴我晚上和丈夫約好去一家新開的餐廳用晚餐，如果我時間允許，希望邀請我一起去。我吻了她肥肥的極富彈性的面頰，便去隔壁拎相機。我遇到的古巴人都這樣不把我當外人，也許是人品太好的緣故吧！每次去，都會受邀參加不同活動，婚禮、學生畢業典禮、朋友出國留學、家人過生日等等。其實對我來講，雖然不是外交使節，卻好像代表著中國人傳播中國文化。

Mi Amigo ⊫

大學生 Melinda

　　哈瓦那大教堂在週末顯得人潮眾多，教堂外面有些出售手工織品和雪茄的小販。一如以往，我每次在哈瓦那一定去大教堂廣場旁的餐廳用餐，喝一杯 Mojito 或者濃縮咖啡。在這家餐廳用餐主要是因為門前的小廣場人來人往，我可以坐在外面用相機拍下感興趣的畫面。

　　中午用餐時，這天我破例選了室內角落小桌的位置。剛調整好相機，一位服務生走近我，她長長的頭髮柔順地垂著，一雙大眼忽閃著，臉上充滿純真的笑。" Hola! Cómo está, cómo se llama? " 她叫

Melinda，22 歲，剛從哈瓦那大學醫療科系畢業。由於父母是醫生，她自然就學了醫，可是她喜歡旅行，喜歡自由自在。醫院她沒有去，藉口身體不好，就在父母朋友開的餐廳工作，當然也是臨時的。她告訴父母餐廳外國人多，可以練習英語。我對著她的漂亮臉蛋拍了幾張，放給她看，她一下變得非常興奮，說從沒有人這樣拍過她。我趁點餐時間跟她聊著。不一會，我又點了飲料，過一會又加了霜淇淋。紅米飯和雞肉，這是拉丁美洲國家的經典主餐，據說豌豆是中國

人傳到拉美的，而且當地人的發音就是 wandou。

　　Melinda 規矩地站在我餐桌旁，我邊吃邊聊。中午在這裡吃飯的遊客少，通常都去景點玩了，這時候她最空閒。她忙過一會來問我喝什麼咖啡，我說濃縮一份，最好是 Cubita。咖啡味充滿我的鼻腔，她依然站在我桌邊。她說次日休假，如果我不介意，希望請我去她家作客，並且遞給我電話號碼和地址。

　　我問她離餐廳遠嗎？她說順這條商店街走到海邊就可以找到。我高興極了，約好晚上致電確定到她家拜訪的時間。從她的眼神可以看出來她的真切和希望，我說到時候給你父母拍照。

　　古巴年輕人純樸直接，希望與外界往來，對於中國人有種自然親近的感覺。每次去都能結識男男女女的年輕人，透過與他們交往，也認識更多朋友。

大學生 Melinda

Mi Amigo

「魚販」Francisco

　　Melinda 母親的朋友 Francisco 每天的工作就是早上七點準時出現在副食品店，下午三點以後基本上就沒事可做，關門、打牌或閒晃由他自己決定。這是一家位於大教堂附近某條街上的商店，為附近持有副食票券的居民提供除了糧食之外的副食品。居民可選的副食只有雞蛋、肉、乳酪和奶油，牛奶每天早上十點前會有。通常中午過後，前一天進的貨就被領完了。我避開早上繁忙時間，下午去時他坐在櫃台後面發呆，面前還有些雞蛋等居民來取。

「魚販」Francisco

閒聊著，有人找他，來人手裡拎著條魚。他在門口與那人說了幾句，然後把魚放入櫃台下面的一盆水中。我猜他們一定在交易，所以拍了幾張。他低聲告訴我，照片我自己留著就行，千萬不要外傳，要是被人看到就麻煩了！每天會有海邊垂釣的人帶魚到店裡交給他出售給附近居民，幾乎不會斷貨，有時週末商店不營業時，他也會在固定時間過來收魚及賣魚。政府禁止私自買賣食品，所以他非常謹慎，只收和賣給熟悉的朋友和居民，賺到的錢可以用來買黑市的進口食物和副食店裡不供應的食品。

他高中畢業就到這家店工作，副食店屬於國營，不需要做很多事，醫療、住房都是政府安排，全部免費。他就住不遠處，已經成家，有二個孩子。他不喜歡讀書，自稱是天生的商人，可是卻希望兒女認真讀書，有機會到外國去深造。對於現狀，他沒覺得不滿意。「我是普通人，只關心自己家裡的事，其他事我管不了，也就不去關心，」他這樣跟我說，「也許我的孩子會去西班牙讀書，語言和文化相近方便很多。」

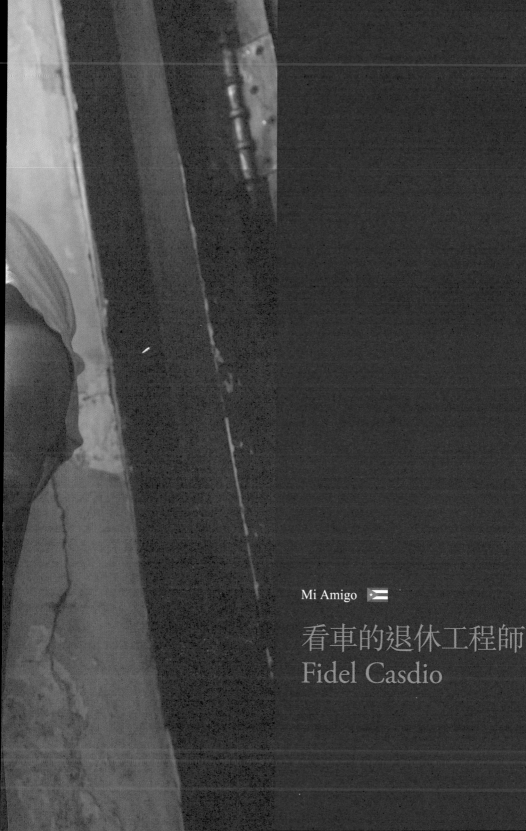

Mi Amigo

看車的退休工程師
Fidel Casdio

他在哈瓦那老城 Prado 大街看車，義務的。他時而過街到對面指引司機停車，時而指揮人力三輪車在路邊停放。

　　第一次引起我注意的是，他口中噙著雪茄朝我揮手，當時我正在拍街心花園上體育課的學生。我給他拍過幾張就離開了。每次從民宿去海邊必經他的領地，問候幾句便匆匆趕去拍照。一天上午從海邊往回走，老遠望著他倚門抽雪茄，渾身愜意的感覺。剛好需要這種場景，我便悄悄地接近他拍照。距他 2 公尺多距離，他意識到我在拍他，直起身子衝著我笑，問我是否抽雪茄？我說抽，而且只抽古巴產的。他說這就對了，跟我講了一通雪茄的故事。我問他為什麼見到他時總是看到他抽雪茄，他說早上、午後和晚上抽，也許是巧合，我們就對上了。他指向樓上，問我是否想去看看，他家就在樓上。

　　Fidel 住的這棟樓距中央廣場步行五分鐘，大部分時間他會在樓下門口那張舊椅子上坐著，有時也會去街心石板上坐。這棟樓我路過多次，樓基

看車的退休工程師 Fidel Casdio

是厚重的石塊，門框是結實的木頭，樓梯上的扶手和踏板失去色彩，呈現黃黃的木色。樓高三層，他家住二樓。整棟樓外牆塗過藍色油漆，但是顯然已經多年沒有翻新，樓內牆壁的白色已經成為褐色，即便如此，也沒有看到太多污漬。他家不鎖門，推開進去是客廳，布藝沙發擺在靠陽台附近，光線明亮。有一台桌上型收音機和一台後背很大的電視機引起我注意。這種電器應該生產於 50 至 60 年代，造型古典厚重，適合收藏，不知哪國生產，看起來是以前那種映像管之類的產品。沙發前小桌子上的花瓶裡插著一束紅色花，叫不出名字。他帶我參觀廚房、廁所、二間臥室，意料之內的是，能看到的地方都非常乾淨整潔，與我去過的古巴人家一樣。

他告訴我他跟女兒住，妻子去世了。以前是工程師，負責技術，退休以後就義務在樓下看車，也算是活動吧！女兒在哈瓦那大學讀書，週末才回來。我詫異地問為何他都退休了，女兒才這麼小？他說不奇怪，拿出幾張照片給我看。他結過二次婚，第一次婚姻結束後兒子和女兒跟著前妻出國，據說到了邁阿密。這個女兒是第二任妻子生的，非常漂亮的女孩子。他問我週末要做什麼？如果有時間再來，那時候女兒在家會幫他整理家務。

老人名叫 Fidel Casdio，他說名字跟古巴領導人一樣。那個年代古巴很苦，因為一直被經濟封鎖，物質匱乏。生活倒不是過不去，就是很簡單，沒有太多事情可做。這幾年政府允許發展私有商業，經濟活動多了一些。我去的餐館都是近一、二年開辦的，他都知道，因為我住的街區離這裡步

行十分鐘。那家我常去的小佛羅里達餐吧比較出名，他知道，可是他覺得很貴。一個月的退休工資是十美元，不過房子是政府分配的，不用擔心醫療問題，他哪兒不舒服就會去醫院。女兒上學不用錢，所以也沒太多地方花。

　　我說雪茄一支就十美元，是否本國、外國人有別？他拉開抽屜，取出一捆雪茄，大約十支，說是工廠的福利，有些人不抽就賣給他了，要不然他也買不起，這麼好的雪茄大部分賣到外國去了。他取出一支要我抽，我也沒客氣，點上抽了一口，口味純正，卻找不到菸標。不過這支菸的口味讓我想起 Upmann 或者 Habana 這二個牌子。在千里達鎮（Trinidad）住民宿時，女主人 Babara 的丈夫幫我託朋友買了四盒 25 支裝的 Cohiba 和 Montecristo，價格絕對是白菜價。也許這就是住民宿的好處吧，他們總是有朋友可以幫上忙。不過 Fidel 也提醒我，雖然不會有假煙，但是可能會有冒牌煙，要學會識別。

　　離開他家那棟樓，我過馬路到對面望著他家陽台，想著裡面這位慈眉善目的老工程師。他與我非親無故，邀請我去家裡，講了許多古巴的故事。下次到哈瓦那是否還能見到他呢？也許那時這間屋子裡的主人是他女兒呢！帶著她的孩子，跟我介紹他父親。下次一定要帶著他的照片再來他家拜訪，希望他健康地活著。我覺得自己想多了，但他的神態確實觸動了我。

哈瓦那大教堂
Catedral de la Habana

　　去古巴必去哈瓦那城內的教堂，可是最值得去的卻是哈瓦那大教堂，因為它使用的建築材料均來自附近大海裡的珊瑚，加上巴洛克的建築風格，那種不對稱的美令人難忘。還有教堂外面的廣場，清晨和夜晚沒有遊客時，靜靜地坐在石板上望著星空，感受天光中大教堂的美，仿佛聽到裡面傳出唱詩班悠揚的吟唱和教士的祈福。我會在老城甦醒前就到了大教堂廣場，在那裡吃點早餐，等候教堂開門，第一個進入。坐在那裡聽著教徒們的禱告，讓心中的憂慮和沉悶散盡。

這座教堂從 1748 年開始建造，1777 年完工，費時 29 年，是西印度群島最具代表性的地標之一，據說教堂的「石塊能譜出音樂」。我喜歡坐在教堂外的高大石牆對面，看著人們姿態各異地從陽光進入陰影，又從陰影走進陽光，手中的相機不停記錄著陰陽交替的畫面。不論什麼人走進教堂，那一刻他的心靈頃刻被洗滌，罪惡便消失，愛得以重生；而一旦走出教堂，靈魂是否重新回到世俗和罪惡之中呢？我往往在拍攝他們的同時，揣摩這些人的心態。

大教堂是我去過最多次的地點之一，也是常常思考的地方。旁邊海明威喜歡去的餐吧叫「五分錢餐吧」，從十一點開門到晚上打烊，裡裡外外都擠滿了慕名而來的人。

其實，餐吧只有不到 20 平方公尺的面積，吧台前擺了六張椅子，角落有一支四人樂隊，遊客都是點一杯海明威喜歡喝的 Mojito 站在門口的街上喝酒、聊天和拍照。這裡應該是哈瓦那老城最熱鬧的地方了！不遠處有個 CD 店，也是我常去的地方，那裡出售各種音樂 CD，價格 10 美元到 20 美元不等。店老闆是位大約 40 歲的女人，店員是位老太太，應該有 60 多歲了。每次去，我都藉著買唱片的機會請他們跳舞，趁機給他們拍照。那個老太太舞姿婀娜曼妙，絕對不亞於姑娘們。她看到我跳舞，便笑得腰都快斷了。她說，古巴人血液流淌著舞蹈，只有他們才能跳出那種感覺。我也這麼認為，小巷子裡有很多舞蹈教室，都在教遊客

哈瓦那大教堂 Catedral de la Habana

跳舞，有三天的，也有七天和半個月的，可是總覺得遊客跳舞時欠缺點什麼。老太太跳舞的身影以及大教堂內虔誠信徒們禱告的畫面總是交替在我眼前出現，這是一個讓人思考的地方。

大教堂廣場旁有條巷子，拐進去到盡頭就不通了，那是一個藝術品市場，裡面還藏著一家印刷廠，古老的印刷機整齊地擺在乾淨的地面上，四處的繩子上用夾子夾著剛剛印出的畫晾在那裡。幾個工人在調色，商量如何印製一幅畫。因為出版畫冊，我經常去印刷廠，幾乎所有的全自動印刷機都產自德國海德堡。這裡的印刷機全靠手工操作，效率非常低，可是效果不比自動印刷機差。不同尺寸、不同風格的畫陳列在大小十幾個展室，銷售人員會耐心介紹。售價由幾美元到幾百美元不等，比起 Prado 大街週末藝術市場的畫，這裡的便宜很多，畢竟是印製出來的。到哈瓦那想帶回一幅拉丁風格的油畫、水粉畫或鉛筆畫，又不想花費太多，建議到大教堂廣場看看。

Mi Amigo

教堂女孩 Katherina

　　周日早上，我依舊起得很早，從住的民宿走到哈瓦那大教堂大約十分鐘。這個區都屬於老城區，街兩邊的巴洛克風格建築和破舊的民宅混在一起。在教堂旁邊的小巷子裡吃過早餐，坐在那裡喝著咖啡，時不時觀察從巷子口經過的人們。我等著教堂開門。

八點，教堂鐘樓裡傳出清新的鐘聲，兩扇巨大的木門被從外向裡推開，這門應該不低於八公尺。當吱吱的木門被推至盡頭，工人用鐵栓插住門底固定。我永遠都是第一位進入教堂的人，坐在後排等候信徒進入祈禱，也會用相機拍下需要的畫面。哈瓦那的太陽早早升起，到了九點時分，陽光已經很強烈。我出了教堂，在外面尋找進入教堂的信徒。沒多久我就看到幾位穿著正式的女士走上階梯，其中身穿白色低胸長裙的女孩子讓我立刻按下快門，直到她走出畫面。我想跟她聊聊禮拜的事、宗教的事或者信仰的事，但是必須等她們出來。外面很曬，我進去教堂，在她後面不遠的座椅上坐下來等她。

大約半小時，女孩子跟著幾位女人離開座位，我也跟在她們後面走出教堂。下了階梯，她與女人們告別。我上前跟她招呼，她有點意外，但還是很熱情地跟我聊起來。因為陽光太強烈，我建議在旁邊的餐吧喝杯咖啡。我介紹自己是攝影師，在拍攝古巴的故事，可是現在還缺宗教的題材，所以就在教堂周邊轉轉。剛才給她拍了許多照片，一直等她做完禱告。她聽了似乎很感動，看著那些照片，一直讚美。

「是因為你的美才喚起我對美的發現。」我說。

「哦，你真會誇人！剛才是我的嬸嬸和朋友，我們約了一起到教堂。現在年輕人還是信教的多，本來古巴大部分人都信天主教，後來革命時期四百多座教堂被關閉，人們沒了信仰。」

「你說的沒了信仰是指沒有教堂做禮拜，還是人們被禁止信天主

教？」我有些不明白地問。

「政府沒有明確說不可以信，那是很多年前的事了，只是關閉了很多教堂。現在信仰自由，我們家人都是天主教徒。2012 年教宗本篤十六世還到了哈瓦那，在革命廣場主持一場幾十萬人的彌撒，政府首腦和部長們都參加了。也許你聽了覺得奇怪，古巴共產黨員是可以信教的。」

「哦，的確很新鮮呢，我還是第一次聽到。」

「教堂都是靠信徒的捐贈和善款運作，政府不會資助。」

「你知道的很多，是否與教堂有聯繫呢？」我好奇地問她。

「是的，我每月有幾天做義工，與弟兄姊妹一起服務教堂和信徒。其實我非常忙，飯店的工作排班，有時候上完夜班後，白天還要去教堂，不過還是挺開心的。」

「你在哪家飯店上班呢？」這時我才知道她是做什麼的。

「還沒告訴你，我叫 Katherina，你可以叫我 K。中央廣場旁邊的電報大飯店，我在櫃檯做接待。」

「嗯，我知道那家飯店，旁邊是國家劇院，我在那裡看過芭蕾舞，我每次到哈瓦那都去看一場芭蕾。」

K 說要回家準備一下，她下午的班。我們互相交換郵箱、地址和手機號碼。臨走時，她告訴我如果想拍教堂、神父等照片就跟她說，她會安排的。如果有時間，她可以帶我四處走走。

2017 年二月我到了哈瓦那，打電話跟她說我到了。她高興極了，我們約好時間見面吃飯，把印出的照片交給她。

Mi Amigo 🏴

神父 Franco

　　從教堂出來，我坐在陰影處石階上望著路人。這時神父走過來，像是在思索。「神父，你好。」我拍下他之後打招呼。

　　「你好，你在拍我嗎？」我們握手，他嚴肅的表情轉成微笑。

　　「是的，在我的故事裡需要神職人員，你正合適。」我告訴他。

　　「謝謝你，我叫 Franco。」他自報家門。剛才在教堂裡身著綠色祭衣主持彌撒的他已經換了一身黑色禮服，像個節目主持人。

　　「我對你這身正裝很感興趣，平時出教堂也這樣打扮嗎？」我好奇地問。

　　「哦，」他笑起來，「我正要去一個朋友舉辦的派對，古巴是這樣，派對的著裝很講究。平時在教堂我穿袍子，出來的穿著看不出我是誰。」

　　「比起平民教堂的神職人員生活優渥一些嗎？」我問。

　　「與普通人生活標準一樣，教會沒有收入，政府也不會撥款，都是用信徒捐款維持。不過，我們可以在教會免費用簡餐，這也算是特殊吧！古巴有近六百座教堂，這座教堂是最大的天主教教堂，對古巴影響很大。天主教會在十八世紀初建了哈瓦那大學，我就是那裡畢業的，主修哲學。」

　　Franco 看起來很健談，雖然想聊聊，可是想到他要去赴約便打消念頭。「很高興認識你，想跟你多聊聊，不過也不能耽誤你參加派對。」我抱歉地說。他問了我名字，住哪裡，讓我早上去教堂，「一般都會在那裡。」我們握手告別。

Mi Amigo 🏴

樂手Alto

　　午餐是在大教堂附近一條街上一間不大的餐館,我坐在外面的餐桌旁點餐等候。樂隊和歌手開始演唱,幾首快節奏的曲子演完,他們休息。離我最近的是小號手,我問他有無慢節奏的曲子。他說很多,我想聽哪首?我想了想,「有首《鴿子》,據說是西班牙人寫的關於哈瓦那的歌。」他笑著說,「這首歌非常經典,不過,是西班牙人住在哈瓦那時寫的關於哈瓦那的歌。」他跟樂隊其他幾位樂手說了歌名,這首悠揚的曲子立刻飄出街道,不一會餐館門前就聚集了很多人。大家熱烈地鼓掌,有人請樂隊再演唱一次《鴿子》。

　　吃完飯,我喝著咖啡,拍了些樂隊演唱的照片。不一會樂隊準備離開。我過去給他們前面的小方盒子裡放入一個 CUC。「你們每天來這裡嗎?」我問小號手。

　　「是的,每天中午在這裡,下午去酒吧,晚上再過來。喜歡我們的演出嗎?」他問。

樂手 Alto

「太喜歡了，你們的 CD 裡好像沒有這首歌。」我拿起他們出售的幾張 CD。

「是的，這幾張唱片都是我們自己作曲和作詞的歌，其他歌我們不可以賣的。」古巴樂隊智慧財產權保護意識很強，這是我沒有想到的。自己創作的歌每張 CD 買 12CUC，而翻唱的 CD 賣 5 到 8 個 CUC。

他叫 Alto，他迅速找到筆在餐巾紙上寫下一個地址和人名，告訴我去這裡找 CD。「請告訴他們，是 Alto 的朋友，他們會給你打折。那裡有哈瓦那最齊全的 CD，很多是自己燒錄的碟片，也有很多原創歌曲。」

按照 Alto 給的地址，我找到了這家店。門面很小，CD 整齊地排放在架子上，桌子上擺著目前熱賣的唱片。我告訴店員是 Alto 介紹的。他給我看架子上的分類，接著又打開幾個紙箱為我介紹裡面的 CD。「有些是拷貝別人的，有些是古巴藝人的原創，價格會打八折，因為你是 Alto 介紹來的。」CD 做得不錯，就是封面包裝印製差一些。我試聽了幾個拉美音樂和古巴歌曲的唱片，付了錢。「有沒有《鴿子》的 CD？」臨走前我問店員。他愣了一下，「很老的歌吧？」他笑著說。

「是的，19 世紀的歌，那時我爺爺剛出生。那是關於哈瓦那的。」

他在架子裡翻著，可是記不清是否有這首歌。「能否留下電話，等我找到了就通知你。如果這裡沒有，我也問問朋友。」

「好的，謝謝！」我們握手告別，「也許你問 Alto 比較好，中午他的樂隊還演唱過這首歌。」

Mi Amigo

歷史學教授 Juan Castillo

　　我在廣場一處建築的立柱後面選好位置，一束光斜射切斷畫面，我端著相機等候典型人物出現。

　　他叼著雪茄，穿著正裝，舉止紳士走進我的鏡頭之中。他跟一群遊客聊過一會之後，我便走上前去打招呼。

"Cómo está usted?"（你好嗎？）我問。

"Muy bien, gracias. Bien, bien. De dónde es usted?"他問。

「我來自中國。」

他說早年古巴批評中國，可是看看現在的中國，一個偉大的和平的中國。「你去過中國嗎？」我問他。

「沒去過，可是我瞭解中國。我已經退休，以前在哈瓦那大學教歷史，是歷史學教授。我們以前對於中國的研究太少，近幾年才有更多學者研究中國的發展，不過始終對中國並不瞭解。」

我說，「中國歷史長，近代自我封閉和西方列強對中國掠奪和封鎖造成落後和不自信。開放後情況發生變化，也許古巴人對改革開放的中國更感興趣。」

教授同意我的說法，他認為中國人文化中的中庸應該是世界各國接受的基本原則，也許因此中國與世界的對接會更快一些。古巴還處在啟蒙階段，應該向中國學習。

他問我抽雪茄嗎？我說抽，可是沒帶。他說我們坐著聊聊，我還沒有跟中國朋友深聊過。我們坐在廣場旁的餐廳外的遮陽篷下，我叫了杯蘭姆，問他要什麼，他說水就行。我問侍者有沒有賣雪茄？趁他進去取雪茄的時候，教授說，一會他來買，用當地比索（CUP），而我買要用 CUC，貴十

歷史學教授 Juan Castillo

倍。果然一支 Habano 的 Carrara 款 5 比索他就買到了，而如果我買就是 5CUC（合 50 比索）。謝過教授，我說不如我請你喝東西吧！他說不要客氣，這裡東西貴，水是免費的。

他叫 Juan Castillo，已經 75 歲，兒孫滿堂。三個兒子在政府任職，一個女兒在政府企業。他和夫人與兒女分住。政府分配的住宅就在廣場旁，他指著不遠處白色建築說，「那棟樓有二百多年歷史了，品質特別好。我每天在廣場轉轉，中午午休後就看書寫書。」「幹嘛穿正裝呢？」我問。他說在學校養成的習慣，覺得這樣穿很帥，我們都大笑起來。「這不是正裝，正裝顏色是一致的深色，你看我紳士不。」我說當然，而且身材好。

說起領袖，他說廣場書攤有很多關於 Fidel 的書，他是拉美人革命的精神支柱。「也許有人不喜歡他，可是喜歡怎樣、不喜歡又怎樣？古巴很窮，可是教育醫療公費，住房食物政府分配。這樣也會存在很多問題，可是誰家沒有問題？從歷史的角度看問題，古巴曾經發展迅速、人民富有，在拉美屬於小紐約的感覺。當今物質匱乏但總體幸福指數比較高，而且在往好的方向轉變。貧窮不完全是古巴的錯，與當年的中國具可比性。」Juan 的觀點是我接觸的古巴人裡最直接、最開放，也最客觀的。

與教授互留聯絡方式後，我們握手告別。他的手很有力氣，「請多幫古巴宣傳，這是個美麗自信的國家。」

武器廣場
La Plaza de Armas

　　每次到哈瓦那，都要去武器廣場溜達。手裡握著相機，去書攤看看有無可以收藏的寶貝。武器廣場建於 1519 年，是哈瓦那最古老的廣場。在西班牙殖民政府統治的 383 年中，這裡曾經是政府大樓所在地。各種書攤圍著廣場四周擺放，大部分出售的都是舊書，還有人在賣古董相機、手錶、紀念章和其他古舊的小東西。2017 年二月我去那裡閒逛，買到一部 40 年代美國產的膠片攝影機，手動捲片。如果有底片，還可以拍攝。買這些古董可以討價還價，最低可以還到一半，但是成色好的、依然可以使用的沒有還價空間。

　　廣場西側是一座三層石砌院落，經高大門廊進入內院，可以環繞騎樓參觀，也可以到樓上各式房間和地窖參觀。這座建築是西班牙時期的總督府（Palacio de los Capitanes Generales），所以到此參觀的遊客絡繹不絕，其中不乏西班牙人，他們會帶著一種懷舊的心態在裡面漫步。遺憾的是原來強大的西班牙如今已經沒落。我只進去過一次，沒有認真參觀每一處。我喜歡一個人坐在總督府右手邊的餐吧，叫一杯 Mojito 或者 Cubita 咖啡，坐在靠近廣場一邊的位子上，觀察去書攤的人和走過面前的人，遇到適合拍攝的人物，便隨時拍攝。有時候也會買支雪茄抽，這種環境和氣候很適合在室外抽雪茄。微微的海風從餐吧外面吹過，似乎滿街裡都飄過雪茄味，那是一種令人神往的菸草味。

PLAZA DE ARMAS

de Armas ocupaba parte de
nos del Castillo de la Real
ero, al ser este construido,
adada de lugar y adquirió
otación esencialmente mi-
ítica. Hacia 1580 se posicio-
su emplazamiento actual.
76-1791, al construirse los
de los Capitanes Generales
gundo Cabo, adquiere una
quía urbana.
es remodelada y se coloca
na estatua del monarca

español Fernando VII, sustituida en
1955 por la de Carlos Manuel de
Céspedes.

La restauración de los años 1930, re-
cupera su imagen decimonónica: un
cuadrilátero con un paseo perime-
tral arbolado y otros dos paseos in-
teriores que forman una cruz en
cuya rotonda central se ubica la es-
tatua. Este esquema se repite a
menor escala en cada uno de los
cuadrantes formados, los que
tienen como motivos principales pe-
queñas fuentes que rememoran las
originales. Fue sometida a procesos
de restauración en 1982, 1997 y 2005
por la Oficina del Historiador.

武器廣場 La Plaza de Armas

從早上十點開始，一直到晚上，廣場都很熱鬧。午飯和晚飯時分，小樂隊在廣場上的幾個餐吧不斷演奏古巴樂曲，歌手賣力地演唱。幾支曲子後，歌手便端著帽子走到客人桌前收取小費，如果已經給過，他會記得繞過去。他們也會出售 CD，裡面大部分是自己演唱的曲子，只是因為複製，包裝看起來粗糙。去了多次哈瓦那，樂隊演奏的曲子多能跟著哼出來，而我最喜歡的一首歌是《鴿子》：

　　當我離開可愛的故鄉哈瓦那，你想不到我是多麼悲傷。

　　天上飄著明亮的七色的彩霞，心愛的姑娘靠在我身旁；

　　親愛的我願同你一起去遠洋，像一隻鴿子在海上自由飛翔；

　　和你的船帆在海上乘風破浪，你愛著我啊像一隻小鴿子一樣。

　　（親愛的小鴿子啊！請你來到我身旁，

　　我們飛過藍色的海洋，走向遙遠的地方。）

　　當我回到家鄉哈瓦那好地方，是你唱著歌兒等候我在岸旁；

　　母親我在異鄉多麼想念你，每天每夜把這離別的歌兒唱；

　　親愛的我願隨你同去遠航，像一隻鴿子在海上自由地飛翔；

　　和你的船帆在海上乘風破浪，你愛著我呀像一隻小鴿子一樣。

　　（親愛的小鴿子啊！請你來到我身旁，

　　我們飛過藍色的海洋，走向遙遠的地方。）

廣場上的連拱廊建築是哈瓦那市圖書館，古巴革命前曾是美國駐古巴大使館。廣場中心是個小花園，矗立著卡洛斯‧塞斯佩德斯（Carlos Manuel de Cespedes）的雕像，因此這裡也叫卡洛斯‧塞斯佩德斯廣場。1868 年十月十日，他組織武裝民兵在古巴東部的拉德馬哈瓜糖廠發動起義，並發表獨立宣言，宣佈古巴獨立。他被選舉為古巴共和國第一任總統，每年十月十日是古巴國慶日和獨立日。

武器廣場 La Plaza de Armas

武器廣場 La Plaza de Armas

　　北邊靠近海港的地方，是皇家武裝力量城堡（Castillo de La Real Fuerza）。裡面修有城河、碉堡和炮位，看似非常堅固。西班牙殖民時代，殖民政府每到一個地方，便在那裡修築城堡和廣場，練兵、檢閱士兵等都在廣場，所以這些廣場基本都叫武器廣場。對於這些廣場，我沒有多少興趣，畢竟歷史已經寫成了，沒有變化。我會喜歡沿著廣場四周漫步，看看駕著馬車載著遊客的車夫，路邊停著等候乘客的老爺車主，還有在海邊車站等候公車的市民。急速的馬蹄踩在水泥路上聲聲脆響，伴隨著鈴鐺聲悠揚傳進古城。看著不急不慌的市民和招搖過市的色彩斑斕的老爺車，讓我沉醉在一種超越的氛圍中。坐一次老爺車 30 美元，大約三十分鐘，從武器廣場北邊的碼頭旁去莫羅古堡和耶穌像兜一圈，中途停十分鐘，喝一杯 Mojito。老爺車主一般一個月可以收到 2,000 美元左右，而當地平均工資約 30 美元。去了六次古巴，在武器廣場認識的那位教授，僅憑與遊客合影收費每月就可以賺大約 200 美元。

　　武器廣場東邊的巷子裡有個不起眼的小餐吧，下午沒事可以坐在那裡喝酒、抽雪茄，望著巷子外的海邊發呆。餐吧的紅豆湯非常好喝，濃濃的鹹鹹的，像是肉湯煮成的，只是喝湯吃米飯就已經足夠了。

Mi Amigo

海邊垂釣人

　　清晨五點時分我已經到了哈瓦那灣的入海口，這裡離武器廣場不遠，可以看到對面的莫羅城堡（Castillo de los Tres Reyes del Morro）和聖薩爾瓦多·德拉蓬塔城堡（San Salvador de la Punta Fortress）。不一會十幾位垂釣者便聚集一起，抽菸打招呼，然後開始下竿。我在他們後面拍著，等待釣

完再與他們聊。大約半小時，有人已經釣起幾條一尺長的魚，收竿準備離開。我問一高個兒，「釣魚是運動嗎？」他表情開始有點僵硬，也許他很少與外國人交流吧！「我來自中國，到哈瓦那第四次了，每次來都拍垂釣，覺得很有意思。」我說明意圖後，他便放鬆了。

「哦，我在建築公司工作，釣魚既可以健身，又可以賺錢。公司沒有太多工作可做，工資就那麼多，我還得賺些錢存著以備他用。你看，這條魚賣出去就是 1 比索，今早四條魚就是 4 比索，我一個月 100 比索。不過，我也不能每天都釣魚，有時候起來晚了就去公司了，怕遲到。」

「魚賣給誰呢？」

「有專門收魚的，也有專門服務遊客的私人餐館。我有朋友都不去上班了，整天釣魚，賺得比我多。」

「剛才那些一起釣魚的人都認識嗎？」我好奇地問。

「認識，他們不都是來賺錢的，也有釣著玩的，那裡面有一個是官員。」

「你們這樣賣魚允許嗎？」

「當然不允許，只有政府的公司可以捕魚交給國營食品店出售。我

海邊垂釣人

要是被抓到，就麻煩了。」

「什麼麻煩呢？」我繼續問。

「這是違法的，公司可能會開除我，也許員警會拘留我，也許還要罰款。不過，也沒聽說過我們這些人有誰遇到麻煩。」

「那不是很多人都可以釣魚嗎？」

「也許怕惹麻煩吧！不知道大家怎麼想，喜歡釣的就我們這些人，今天還有沒有出現的。」陪他走了一段路，快到武器廣場時與他分手。「希望明天再見到你，我揮揮手。」

Mi Amigo

健身的 Alex

他每天二次來到哈瓦那灣海堤做操，早上必來，下午要看情況，有事就不來。為了拍到他做操的圖片，我蹲下在他後面的位置。每一輪操大約五分鐘，第二輪之前他會坐在海堤上，有遊客為他拍照，也給他錢，可是他拒絕了。做完三輪操，他稍作休息準備架拐杖離開。我朝他打招呼，他顯然沒有發現後面有人在注意他。我說已經拍下他做操的全部過程，給他看過相機裡的照片，他開心地笑起來。「看不出我是殘障人士，」他跟我說，「他們都把我拍成殘障了，其實我就是，可我不想他們這麼拍我。」

我問：「為什麼不收錢呢？你如何生活？」

「一次意外導致我失去左腿，那

一年我剛滿 22 歲，大學剛畢業的我在醫院住了半年。失去一條腿對我打擊很大，我不願意工作，不願意見人，我覺得什麼都完了。後來我想通了，就常常來這裡做操，或者沿著濱海大道走下去。不收錢是因為國家給的生活費和殘疾人救濟福利夠我用了。我知道有些人向遊客討錢，可是我不會，人要活得有尊嚴。」

「那你有工作可以做嗎？」他說得含糊，說有時在街道辦事處幫幫忙，算是打發時間。他不願意多說自己的工作和家庭，大概有難言之隱。

「這操是我自己發明的，你看看我這肌肉。我沒啥理想，一直在幫助那些跟我一樣的人健身，所以我

在教他們跟我做操。」

　　他問我為什麼來古巴，是旅遊嗎？「古巴可以幫助我實現夢的穿越，讓我重新體會一個人人友善、互信和快樂的社會。我已經在十一年間第五次到古巴了，也許還會有最後一次。」

　　「噢，十一年五次，真佩服你的執著，你的信念。」不過，他似乎不能理解我的穿越，也許因為我沒有告訴他更多來古巴的背景吧！我們握手告別，他重複著：「信念，這就是我的古巴。」

Mi Amigo

濱海大道清潔工
Fernando

　　濱海大道是我經常去的地方，清晨是
海釣的黃金時間，我在那裡拍下很多作
品，也結識很多朋友。夜幕降臨，除了
遊客在這裡散步跑步，更多的是情侶，
尤其是週末，防波堤就成了情侶天堂，
他們喝酒、彈奏樂器和唱歌，通宵達
旦，一直到次日天亮。我一直認為古巴
人的生活方式更加接近歐洲人，但是他
們也很理性地接受制度的約束。

Fernando 在這裡掃街已經超過二十年。在做清潔工之前，他在一所小學做校工，每天八小時坐在門口的小桌子旁，收發信件和登記來訪人員，當然他也負責維護學生的進出秩序。他家就住在濱海大道旁的公寓樓裡，這是結婚那年學校分配的三房住宅。位於哈瓦那新城的小學比較遠，所以他要求調動工作，當時只有這個職位。「掃街讓我體質變好了，原來整天坐在那裡，腰酸背痛的，後來毛病都沒了，你看我精瘦的，身體可好了！」他得意地說。抽著菸，他深邃的眼光望著馬路對面，我覺得他是愛思考的人。「你讀過大學嗎？」我刻意問他，我認為他不可能讀大學的。

「讀過，可是讀了一年就不讀了，我不喜歡讀書，感覺壓力特別大。我只喜歡自己看書，想想問題，所以肄業後找了小學的校工做，讓我有很多個人的時間。」他話不多，基本是我問他答。「我屬於孤僻的那種人，不過心裡都清楚。」

「那你掃一輩子街會心有不甘嗎？」我繼續問他。

「工作都得有人做，這裡也是古巴的視窗。」

「哦？怎麼說呢？」我有點好奇。

「從二十年前到今天，這條街是外國遊客的必到之處，哈瓦那灣的濱海大道很有名氣，幾十年前哈瓦那是拉丁美洲最富有的國家。你看看那些樓房已經殘舊破損，可是我

們沒有落後，我指的是接受外界的資訊和文化。這條街附近以及往下走，有很多俱樂部，例如拉梅森時尚俱樂部、熱帶雨林俱樂部等，還有無數的酒吧和舞廳，古巴人與外國人玩得都很嗨，沒什麼隔閡。文化相融通，音樂、舞蹈、蘭姆酒這些東西沒有國界。」

「可是古巴物質匱乏，食物供應還是配給制。」我想提出物質和精神的看法。

「你說的是，經濟依然是國家主導，食物和生活物品很不豐富，可是古巴人都有飯吃，都有房住，這種事就看你怎麼理解，」他接著說，「我們開心就好。」

我認同 Fernando 的說法，我與古巴人交往及家訪過程中，感受到他們對物質生活很容易滿足，生活得自在、快樂，對於未來的看法都很樂觀。Fernando 說，「我們無法左右發展，所以順其自然，也許這是無奈，可是世界上幸福快樂沒有統一標準，開心才重要。」

週末的濱海大道是情侶的天下，也是年輕人的樂園，在這裡隨意可以加入一群人的聚會，沒有生疏，只有開放和包容。看著他乾淨整潔的制服，望著一塵不染的大街，耳邊盪漾著防波堤上的歡笑，我體會到了 Fernando 所說「這裡是古巴視窗」的含義。精神的滿足才是最大的滿足，精神的快樂才是真正的快樂。

Scene 3

哈瓦那灣/濱海大道/莫羅城堡

哈瓦那灣位於古巴西北部，佛羅里達海峽西南口，海對面 140 多海哩的地方就是美國佛羅里達半島。哈瓦那灣有條水路連結哈瓦那港，哈瓦那港狹長，近岸水深 12 公尺，可以停泊遠洋巨輪，古巴有一半以上的進出口貨物經過這裡。哈瓦那灣的濱海大道大約四公里，從老城位於水道的哈瓦那灣起一直到哈瓦那大學方向，這裡被譽為「情人天堂」，每天傍晚和週末，防波堤上坐滿一對對的情侶和喝酒唱歌的年輕人。遊客也喜歡在這裡跑步、散步，與古巴人聊天。哈瓦那灣海水深藍，大部分時間海面平靜，像綢緞般地鋪在那裡。偶爾有人下去游泳，更多的人坐在海邊礁石望海。清晨，海釣的人比較多，他們站在一排，面對哈瓦那灣甩竿垂釣，大約一小時光景，每人的塑膠桶裡都會裝幾條一尺長的魚。這裡是我經常來的地方，我喜歡在清晨看他們垂釣，傍晚坐在海堤上點燃雪茄，望著水道對面

　的莫羅城堡和來往船隻。旁邊會有人彈著吉他輕聲歌唱，情侶們相擁著悄聲訴說。古巴人的情懷如同這哈瓦那灣博大、深沉卻又浪漫、輕盈。

　　哈瓦那老城就在哈瓦那灣西邊半島上，老城最北部沿著哈瓦那灣是濱海大道，豎立著十九世紀古巴獨立運動著名將領安東尼奧・馬賽奧（Antonio Maceo）、馬克西莫・戈麥斯（Máximo Gómez）和卡利斯托・加西亞（Calixto Garcia）的青銅雕像。我的很多古巴朋友是在這裡認識的，清潔工、練習太極的兄妹、健身小夥子以及海釣者。濱海大道的早晨和晚上非常忙碌，上下班的車輛以及很多進出哈瓦那老城的車經過這裡，路對面是破舊的建築，看起來很沒落，但是依然保持原來繁榮時期的影子。2017年我再去哈瓦那時，濱海大道上許多破落大樓已經開始整修，遊客帶動了旅館、餐飲和娛樂行業，因此這條街上也有很多酒吧、夜總會，入夜之後，這裡感覺像是在歐洲的哪個城市。遇到起浪時，哈瓦那灣湧起的大浪直撲防波堤，瞬時間海水傾倒在濱海大道的柏油路面上，不留神的遊客會被全身打濕。這條路很少有人行道和紅綠燈，所以行人橫過馬路有點驚心動魄，古巴人的老爺車也開得飛快。

哈瓦那灣 / 濱海大道 / 莫羅城堡

在哈瓦那灣水道入口的峭壁上聳立著耗時十年建成的莫羅城堡（Castillo del Morro），從 1587 年開始興建，到 1597 年完工。哈瓦那老城有條海底隧道通到莫羅城堡附近。城堡內有寬 20 公尺的護城河，一條幽深的隧道，使堡壘間可以互通。這裡除了可以屯兵，還有彈藥庫、飲水池和禱告室。進入城堡需要購買 10CUC 的門票，遊客可以在裡面待一天，還可登上 1844 年修建的燈塔瞭望，這是拉丁美洲首座燈塔。30 公里之外也可以清楚看見燈塔閃爍的燈光。

歷史上，莫羅城堡曾先後遭到法國、荷蘭、英國等入侵者的破壞，雖然面目全非，可是遺留的斷壁殘垣仍可以看出當年堅固的城防系統工程。在護城河外，有很多出售 T 恤、紀念章、雪茄套、古巴泥人等紀念品和飲料的旅遊商品店。城堡附近沒有餐館，計程車也很難叫，走海底隧道到對面老城的濱海大道大約需要四十分鐘。

太極拳兄妹 Alfonso 與 Regina

　　這裡是垂釣人喜愛的海堤，情侶們也喜歡坐在這裡望向入海口對面的莫羅城堡和無盡的大西洋。在哈瓦那，每天清晨和傍晚我都會來到這裡拍攝。週日朝霞映紅莫羅城堡並撒向哈瓦那灣的海面。晨跑的人不多，也許是週末的緣故。一對年輕人引起我注意，他們在打太極拳。我靜靜地拍攝，與他們保持一定距離。地上放著一台小型錄音機播放著傳統中國音樂。半小時後，他們停下來休息，跟我聊起來。

Regina 是妹妹，Alfonso 是哥哥，他們練習太極已經十年了，也就是十幾歲就開始學習太極拳。最開始有個老師傅教過他們，據說他去中國北京學過拳，後來因年齡太大，無法繼續教拳，兄妹倆便買光碟自學，從沒有停止過。我不懂太極，他們說學的是 Chen（音譯），我猜是陳氏太極。後來光碟破損，無法再跟著學，他們就憑記憶練習。雖然可以去電信局上網看拳，可是網速慢，高昂的費用使得他們望而卻步。

　　不過，師傅傳授的基本拳術支持著他們。Alfonso 告訴我，希望能存錢去中國學習太極，他知道很難，但是相信會有這麼一天。我向他要了電子郵箱，準備回去上網傳陳氏太極拳教學課程。Regina 提醒我應該無法下載，教程檔案太大不說，他們上網太貴。於是我要了地址，想試試能否寄光碟給他們。

　　當練完整個套路，我邀請他們去普拉多大道（Paseo del Prado）靠海堤的咖啡館喝咖啡，他們高興極了。Regina 說不會太貴吧？我說一杯濃縮 1 個 CUC，「哦，」她說，「怎麼那麼貴！10 個比索啊！這是外國人的價格，這間咖啡館應該是開給遊客的，」她建議：「不如我們去巷子裡喝咖啡吧！」我跟著他們進了不遠處一條巷子，老遠就看到十幾個人排隊。她指著那裡說：「免費咖啡。」這是一間街邊的房子，窗戶上開個小窗，一位胖胖的女人從屋裡托盤上通過小視窗給大家遞咖啡。都是附近居民，拿到咖啡便立在街邊喝著閑聊。排到跟前，我們三人也取了咖啡，小瓷杯看起

來粗糙，喝口咖啡，感覺太淡。Alfonso 說他沒喝過遊客咖啡店的咖啡，小巷裡的咖啡都比較淡，這樣就能給多一些人喝。原來咖啡是免費喝的啊！

我們還了杯子，準備離開，裡面那個女人走出來笑瞇瞇地說，「Amigo，1 個比索。」她解釋說實在對不起，收費是因為我不是本地人，希望我喜歡她的咖啡。我付給她錢，說咖啡真的一般，可是你的笑感染了我。兄妹倆人跟我說，他們沒遇到過帶外國人來喝咖啡，所以對收費感到抱歉。我說比起遊客咖啡館的咖啡，我省了 9 個比索，應該謝謝他們。他們與我告別，消失在小巷盡頭。

胖女人走過來問我哪裡來的，我說中國，她一下子興奮起來，「中國、中國，非常大的國家。你喜歡喝咖啡？」她問。「是的。」我回答。

「自己煮咖啡？」她又問。「是的。」

「嗯，你應該懂咖啡的。」「是啊！」

「我知道哪裡的咖啡最好，」她立刻接話，「我們古巴的最好。你要買咖啡嗎？」她輕聲問，我說：「要，你有嗎？」

「有的，一會關了門我帶你去。」「貴嗎？」我問。

「20 比索一包，160 克，Cubita。」我馬上想到同樣一包咖啡在商店和機場賣 12 美元，和 120 比索相比，差價太大了！她迅速拿出筆和紙，寫了地址和時間交給我。她是 Manuela 太太。

Manuela 太太

我準時來到 Manuela 位於大教堂附近的家，從她家門前就可以望到大教堂尖尖的頂。

「我叫 Manuela，你呢？」「我叫 Austin，是攝影師，來哈瓦那很多次了。」「幹嘛呢？想娶我們古巴女孩子嗎？」她開著玩笑帶我進屋。這是一間三房、面向街道的房子，地上鋪著塑膠地板革，傢俱看起來比我去過的其他哈瓦那人家多，客廳電視櫃上擺放一台 20 吋以上的液晶電視，這也是我第一次看到本地人家裡有液晶電視。她說是丈夫去香港時帶回來的，普通人買不到也買不起這種電視，丈夫是一個國營公司的負責人。

她從廚房拖出一個紙箱，裡面有幾十袋 Cubita 咖啡，160 克包裝。我取出 20 袋裝進背包裡，箱子裡剩下不多了。付了錢，她沖了咖啡給我。我說 Cubita 咖啡只有遊客商店有賣，本地人買不到也買不起，她怎麼會有這麼多？她說丈夫公司是國營咖啡公司，上次去香港就是為了談出口咖啡。「全世界最好的咖啡出自古巴、牙買加和巴拿馬，知道嗎？」我們閒聊著。我突然問她，「水晶山咖啡你有嗎？」她聽我提起水晶山咖啡很吃驚，「你怎麼會知道？」我說我都來古巴很多次了，而且一直喜歡自己煮咖啡，上網查到的。她說很難買到，一般都是政府收購了。古巴市面上能買到的 Cubita 咖啡並不是

外面傳的水晶山咖啡，產量很少。比起其他國家咖啡，我更喜歡古巴的，平衡度極佳，苦味與酸味配合得很好，細緻順滑，清爽淡雅的感覺，是咖啡中的極品享受。

她問了我住的民宿電話，說找到打電話給我，可能會貴一點。在我離開哈瓦那的前一天早上，Manuela 電話裡說，大約十分鐘送咖啡來。她帶來五包 120 克包裝的 Cubita 咖啡，產地是水晶山。包裝顯然不一樣，精緻很多，每包 50 比索，我付了 300 比索，說不用找了，餘下的是車費。她開懷大笑，我親吻她的臉頰與她告別，她趕去上班。

Mi Amigo 🇵🇷

雪茄廠的 Sandra

認識 Sandra 是因為第一次去哈瓦那時住在國家飯店，她父親 Alto 是飯店迎賓，每天在大廳外幫助客人。那天下午我請他叫車去雪茄菸廠，他說有幾家很有名，先生要去哪家？我說沒有特定的，好像都有名。於是，他寫了紙條給我並告訴司機載我去。他說女兒在最大的雪茄廠工作，負責接待，找她可以幫到我。我開心死了！他提醒我不要在菸廠商店買雪茄，都是遊客價。

雪茄廠距離國會大廈不到 500 公尺，一棟三層樓的建築，外牆漆成黃色，上面有雪茄廠的名字。門口有個男人抽著雪茄走近，悄悄問我是否要雪茄，我問什麼價？對方說羅密歐（Romeo y Julieta）2 號一支 2CUC（約 2 美元），一盒 25 支裝 30 美元。這價格比香港雪茄店的 300 美元便宜十倍，也比香港機場免稅店的便宜很多。我說一會出來找你聊，我先去找朋友。

進門問門口幾個穿制服的女孩子誰是 Sandra？其中一位手指夾著雪茄的大眼睛美女過來說：「我就是，請問先生需要幫助嗎？」我說你父親 Alto 讓我來找你，遞給她 Alto 寫的紙條。她開心地說，父親一般不會介紹遊客給她，是否因為你帥氣他才這麼做啊！我說，是的，他希望我帶他漂亮女兒去中國。我來古巴拍攝，雪茄絕不可以漏了，這可是古巴的三大寶貝之

一！（雪茄、蘭姆酒和咖啡。）她說原來你是攝影師啊，快給我拍幾張照片！

那天我在雪茄廠待了整個下午，Sandra 帶著我參觀每一道工序。不斷有遊客被分為十人一組走馬看花地走一遍，而我卻可以隨便看隨便問。一個很大的空間裡坐著二百多個工人，安靜地工作，他們正面的檯子上有位中年男子大聲朗讀。Sandra 說每天下午會有專人朗讀世界名著，這樣工人就不會發睏或者走神。今天是莎士比亞的《哈姆雷特》。

在二樓的捲菸部，很多人正用手捲菸，有在桌子上，也有在自己的大腿上。傳言中古巴雪茄是在女人大腿上捲成的一點沒錯，不過男人也在大腿上捲菸。Sandra 帶我來到一位老人工作檯前介紹說，這是古巴最老資格的捲菸師，是國寶。原來捲菸師是分級的。純手工雪茄是

雪茄廠的 Sandra

古巴的特色，不同級別的捲菸師捲
出的雪茄感受不同，因此造就了古
巴雪茄的個性。有經驗的雪茄客能
體會出哪些雪茄是剛出道的徒弟捲
的，哪些是有經驗的師傅捲的。

老人說五片菸葉才能捲出一支雪
茄，茄心、茄衣、茄帽所用的菸葉
不同，那是因為菸葉在生長期受光
面和接受養分不同，有容易燃燒
的，有用來出口味的。古巴的菸葉
不施農藥，自然陳化發酵。雪茄廠
倉庫整齊地堆疊著菸葉，有點像廢
紙經過機器壓製成塊的樣子，每個
都有詳細標記，註有日期、產地、
菸農等資訊。

臨走時 Sandra 給我二支高希霸
（Cohiba）6 號鋁管，菸廠商店標
價 30 美元一支。她留了雪茄廠辦
公室電話和家裡電話，要我有空找
她玩。出了雪茄廠已到下班時間，
賣雪茄的男人已經離開了。

兜售雪茄的 Jose

那天在雪茄廠告別 Sandra 後，沒有在門口看到兜售雪茄的男人，我想他應該下班了。當我幾日後經過雪茄廠時，發現他在門口抽雪茄。我問他還記得我不？他說當然記得，他等了我很久，以為裡面的人留住我搓雪茄呢！我說你還挺幽默的。他說如果我不忙，可以去看看他的雪茄，買不買不要緊。

他叫 Jose，拉丁美洲很普遍的名字，35 歲，原來在雪茄廠工作，專門處理菸葉陳化。後來跟工廠說身體不好，在家休養，其實他是看到了一個美好的市場——向遊客兜售雪茄。在雪茄廠他每月工資是 8 美元，廠裡會按月發給他副食票、米票、布票和其他配給制的票，房子是分配的，傢俱是配給的，只有老婆是自己找的。

沒走多遠，我們來到一棟很破的高層樓房前，這棟樓是我看過的哈瓦那老城裡最破的樓，看樣子像要倒塌了。他看我在拍，便說，「多拍點，這樓可是有百年歷史了，政府不會拆掉它，它也不會倒塌。」跟他上到六樓，樓梯間沒有燈光，還好日光夠亮。開門入室，房子夠大，有二間房，洗手間在二間房中間，只有一個很小的窗子。房間裡就幾件傢俱和擺設，雖然凌亂卻還乾淨。這是我對古巴人的觀察，他們比較喜歡把自己收拾得乾乾淨淨，除了街上的污水和狗屎不關他們的事之外，家裡和任何室內都比較乾淨整齊。

洗手間比較暗，還有些潮。Jose 指著一個大水盆告訴我，為了保濕他必

須放些水在盆裡。打開一個木盒子，裡面至少疊著十盒 25 支裝的雪茄盒。他一盒盒取出擺在客廳檯子上，羅密歐 1 號、2 號、3 號、Upmann、Montecristo、Cohiba 6 號（盒裝）。看著這些雪茄，我忽然想都買下。他不知從哪裡取出一支 Upmann，剪去眼帽，為我點上。他自己也點一支。飽滿的醇香瀰漫口腔，古巴菸口感柔順，沒有燥烈感，出口後舌根部微微的甜會留很久。他問：「你抽了多少年？」我說猜猜。他說至少十年吧！我說差不多吧！問他菸從哪裡來？他說絕對不是假煙，而且在古巴做假煙也不容易。

雪茄廠有一套嚴格的產品檢驗制度，有瑕疵的菸每天會發給工人。這些菸的瑕疵通常是菸衣破損一點、捲得過緊、菸標貼錯等，不影響抽的品質。他會收買這些菸，然後從菸廠「搞到」盒子和菸標。他說怎麼「搞到」就不告訴我了。他的菸不假，抽起來也沒問題。以後到哈瓦那我就跟他買菸，後來他從雪茄廠搞出來正品的 Cohiba Behike 我一直養著不捨得抽，至今已經四年了。

Jose 教會了我如何識別假菸、劣質菸、瑕疵菸，還有如何養菸。我沒有在他家裡拍照，他說不想惹麻煩，這麼做是不合法的。他每月可以賺到幾倍於工資的收入，這些錢準備用來供他女兒去西班牙讀書。他說足夠了，他現在還年輕，國家會慢慢好的。以後如果允許，他會開間雪茄店，絕對是哈瓦那最好的。

Scene ⚑

雪茄廠與雪茄

　　我常去的雪茄廠有二個，一個是革命廣場附近的皇冠雪茄廠（Corona），另一個是國會大廈（白宮）後面的派特加斯雪茄廠（Partagas）。參觀雪茄廠得先去酒店或旅行社購買門票，20CUC 一張，因為雪茄廠也要限制參觀人數。遊客不得拍攝生產線，接待人員會提醒遊客，生產線內也有攝影機監控著。二個雪茄廠生產古巴大部分品牌的雪茄，高希霸（Cohiba）、烏普曼（Upmann magnum）、蒙特（Montecristo）、好友（Hoyo de monterrey）、玻利維亞省（Bolivar）、派特加斯（Partagas）、羅密歐與茱麗葉（Romeo y Julieta）等幾十種品牌雪茄。

　　古巴雪茄由國家壟斷種植、加工和經銷，從菸草種植開始的各個環節，到菸葉禁止出口及捲菸師評等，古巴有一套完整制度。革命後，古巴將很多菸廠和種植園收歸國有，一些種植園主帶著技術到了多明尼加、洪都拉斯和尼加拉瓜繼續雪茄菸葉種植和加工，西方資本也趁機進入這些國家，

促進了當地雪茄產業的發展。

　　古巴雪茄菸葉聞名於世，這與它的土壤和氣候有密切關係。菸葉主要產區位於古巴西端的比那爾德里奧省（Pinar del Río），是古巴第三大省。每年 165 釐米的降雨量、紅色沙土以及近海盆地的地形為菸葉生產創造極佳條件。政府規定菸苗不可以施加農藥，菸農在種植菸葉過程中，每片菸葉需要手工護理至少 105 次以上，每位菸農所照顧的菸葉超過 50 萬片。採摘季節，菸葉從上至下手工採摘，按頂端葉、中間葉和末端葉分類排列自然風乾陳化，一般需要二年時間才能進入雪茄廠備選。

　　雪茄廠生產流程非常細膩，從挑選菸葉、捲菸到貼標裝盒要經歷一百多道工序，手工操作。雪茄菸葉篩選生產線有很多女工，除了在工作檯上鋪開菸葉挑選外，一些人為了方便將菸葉放在腿上鋪開。而捲菸的程序是在另一條生產線，全部在工作檯上進行。捲製一支雪茄需要五片菸葉，茄

雪茄廠與雪茄

心、茄衣和茄帽等。茄心一般選用菸葉頂部的葉子，味道稍重，茄衣、茄帽選用中部或底部的葉子。古巴雪茄保持手工製作，主要的關鍵在於以手工撕開菸葉，捲成茄心，這樣便會留出縫隙便於空氣流通，抽菸順暢。剛出品的雪茄，口味辛辣、剛硬，所以成菸出品後還要在適當的濕度和溫度中存放一段時間，一般是三到五年，十五年後雪茄的品質開始變差。因此，一般雪茄在出廠後的三到五年內品味最佳，這個階段的雪茄口味醇厚、各種味覺豐富飽滿、餘味微甜，如果保養得當，手感特別好，有分量有彈性。

雪茄廠是很多人嚮往的工作，雖說工資與外面一樣，但是福利好。據說，工廠裡經常給工人發雪茄，因為有些成品沒能通過品質檢查。不抽菸的工人便將這些菸出賣給遊客賺取外快。在這裡工作的工人每天都被濃郁菸草味浸潤，他們在寬大的廠房成排齊坐，看似忙碌，不過氛圍輕鬆，大家有說有笑。通常會安排一位宣傳員朗讀名著，他就坐在幾十排工作檯前面中間，手捧一本名著，聲音洪亮、抑揚頓挫地朗讀。有一次我正趕上，宣傳員在朗讀莎士比亞的名作《哈姆雷特》。

由哈瓦那的朋友安排，我拍攝了許多雪茄生產過程，也見到了幾位九級雪茄師。在中部的千里達古鎮和哈瓦那自由酒店我結識的捲菸師級別是七級。一般九級捲菸師是不容易做到的，不是年齡的問題，而是技術要求。在皇冠雪茄廠認識的九級捲菸師才 39 歲。

Mi Amigo

鞋匠

　　乘坐旅遊班車從哈瓦那出發，七小時後抵達中部古鎮千里達（Trinidad）。這是一座歷史超過一千年的文化名鎮，2000 年被聯合國指名為非物質文化遺產城市。這裡的一切讓我感到時光的停滯，石塊鋪就的馬路在陰雨天泛著光，馬車悠閒地走在上面，蹄子發出節奏強的聲音。

　　我走進路邊鞋舖，二位男人在修鞋。一堆待修的鞋堆疊在他們中間，檯子上放著一台收音機，正播放古巴音樂。「Hola，請問先生修鞋嗎？」他們其中的一位跟我招呼。

　　「我剛到這裡，四處轉轉，看到你們修鞋就想進來看看。」

　　「哦，好吧，修鞋的舖子不多了，政府所有的鞋舖就這一家。要是想拍我們，你隨便拍吧！」他們看我手裡拿著的相機說。

　　我一邊拍一邊與他們聊天，不時有人取走修好的鞋子，也有送鞋子來的人。「不收費嗎？」我沒看到他們付錢，就好奇地問。

　　「現在不收，到了月底他們來付費，我們有記錄。」

　　「有沒有人不付錢呢？」我有點擔心地問。

　　「這麼多人，也許會有人忘記，即使忘記了，他們也會給，沒有人不付

錢的。我在這裡工作了二十多年，好像還沒碰過不付錢的。」他們每天工作八小時，有時候會加班，因為有人急著用鞋。古巴的鞋子很貴，我看到待修的以皮鞋為主，女鞋多一些，運動鞋也有，在鞋堆裡比較顯眼。

他們介紹古巴產的牛皮非常好，有家鞋廠是古巴最大的，幾乎所有人穿的皮鞋都出自這個廠，他們給我看鞋子上的標誌 "Compell"。也有一家中國公司在古巴生產鞋子的，以運動鞋、舞鞋和其他鞋子為主。問他們是否會自己做鞋或者以後開自己的鞋舖或鞋廠？他們都否認了。那樣做需要很多資金，他們做不到的，為自己或家人做鞋倒是偶爾的事。「因為鞋子貴嗎？」「這樣做可以省錢。」

拍了很多照片，給他們看過後就離開鞋舖。臨走，坐在門對面的師傅問我能否看看我穿的短靴。他仔細看過，說是好鞋子。我告訴他，我喜歡穿短靴，因為經常在外拍攝，走路很多。他從櫃子裡取出一雙鞋墊，用剪刀剪去一圈，脫下我的鞋，放進去。「這種鞋墊可以減輕腳的壓力，試試。祝你在千里達拍攝順利！」

Mi Amigo 🏴

酒吧老闆的女兒 Nadallia

　　去中部西恩富戈斯省（Cienfuegos）的千里達鎮（Trinidad）拍攝，剛剛找到民宿住下，我便帶著相機四處逛。沒想到突然下起大雨，我就順著屋簷前行，到了一家酒吧躲雨。酒吧不大，只有並排擺放著四張小桌子，已經有一對像是夫妻的遊客坐在窗子旁喝酒，聽說話應該是西班牙人。我叫了一杯蘭姆酒加薄荷葉和冰塊坐在裡屋外屋過道處，望著外面的雨嘩嘩地落在石板路上，又濺起無數的水花，街上被密集的雨水籠罩著形成雨霧。

　　我望著裡屋，無意中看到一個女孩子向我張望，我朝她笑笑，問她在做什麼。她甜甜地笑著，「我在幫忙工人整理線路，他太忙了，我擔心工作做不完。」

　　我說：「你不用上學嗎？」

　　「今天不用，我病了，媽媽為我請假了。」

　　「哦，原來如此。」

　　她把整理好的電線遞給梯子上的電工，轉身又去整電線。我問她父母在家陪她嗎？她指了指吧台方向，「媽媽在那裡招呼客人。」我轉頭望去，吧台後面的女人應該是她媽媽。「爸爸去另一個酒吧了，我們家開了幾個酒吧呢！這個比較小，跟我家的房子連著，有一個是在鎮上中心廣場，有

機會也請你去坐坐。還有一個在首都，可遠了。」

「去過嗎？」我問她。

「沒去過，爸爸說等我再大一些帶我去，聽說那裡很大很漂亮。」

「你們課本裡有哈瓦那介紹嗎？」

「有的，可是我希望自己去感受。」

千里達鎮於 1515 年被西班牙著名畫家迭戈·委拉茲開斯（Diego Velazquez）發現並命名為 La Santísima Trinidad。這裡有個海港叫卡斯爾達，附近長達十公里的潔淨沙灘和清澈見底的海水吸引很多外國遊客到此度假。那裡的暗礁和海床地帶非常適合潛水運動，還有早期印第安土著的山洞遺址及大量西班牙人留下的建築，而被視為地

球上正在消失的一百個景點之一。聯合國教科文組織於 1988 年宣佈千里達鎮為世界遺產，也被稱為「活的博物館」。

她母親過來陪我聊著，我為她拍了很多照片。女孩子名叫 Nadallia，已經是小學五年級學生，下一年就要進中學了。她希望女兒以後去哈瓦那念書，那裡生活環境好，和外界交流多，對於她的成長很有好處。我問她古巴人可以自由遷徙嗎？她說丈夫在哈瓦那與朋友合夥開了餐吧，去那裡生活有保障，這裡的配給只好交給家人領取了。住哪裡都是自己決定的，但是還需要幾年，等女兒上高中時再搬去。

雨停了，我結帳準備離開，收拾相機的時候，她母親過來問我能否把照片發到她的郵箱。我說沒問題，她接收照片不會有問題嗎？因為照片比較大，擔心被退回。她說可以試試，以前也有人傳過，也收到了。她順便留下家裡電話，說再來時希望我聯繫她，可以幫助我瞭解更多古鎮的事。

Mi Amigo

工藝品老闆

在古巴中部的千年古鎮千里達逛街時，發現市場裡的這個攤位。「多少錢一件？」掛在那裡的織品都非常漂亮，所以我有了購買的衝動。「30 歐元或者 CUC 也行，」她抬起頭對我微笑，「你進來挑吧。」

「如果買二件，你會幫我打折嗎？」我試探地問她。

「當然，可以算 28 歐元。這些都是我自己織的。」她手裡的鉤針一刻不停地織線。

「織一件要多久呢？」

「大件的需要二周。小件的需要一周，或許不到一周，」她說，「我妹妹和其他親人也在織，我付錢給她們。遊客多了，政府允許我們在這裡擺攤，統一收費，這樣一個攤位每月收費相當於 300 歐元。但我並不擔心生意，你看，這裡賣這樣的工藝品沒有幾家，因為做工太費時間。」

「那還要交個人所得稅嗎？」我好奇地問。

「要，收入的 9%，我必須如實申報。」

「可是，你收入多少政府沒有辦法計算啊？」我覺得納悶。

「誠實納稅，不過有時候少報一些他們也不會管，但是不能過分。」古巴的個體經濟才剛剛開始，政府開放的工藝品市場和一些

針對外國人的商店不是很多，所以還沒有完全規範，個稅徵收也許不是重點。

在哈瓦那老城的國家大劇院後面，整條街都是商店，還有 Gap 等名牌店，價格很貴，但是不乏古巴人在那裡購物。武器廣場附近的海邊有個舊遊輪碼頭，那裡的工藝品市場應該是古巴最大的，來光顧的人大部分都是外國遊客。而國營商店裡的商品種類也比往年多了很多，這些商店的標價都是二種貨幣，CUC 和比索，就是遊客價和古巴人價。

在這個攤位買了三件織品，老闆很開心，一共收取 60 歐元。她說，「目前也就是手工值些錢，就像我們古巴的手工雪茄一樣，不然就沒什麼特色了。我們這個鎮雖然歷史悠久，可是年輕人都不願意待，有辦法的都會去首都、聖地牙哥或者外國。政府規定老舊的房子只能有限度地修繕，不可以重建，因為是世界非物質文化遺產。」她就這麼站著跟我聊天，手裡的工作也沒停下。「可是我很喜歡這裡！」我說了自己的看法。清靜的城鎮，沒有太多商業，石板鋪就的街道很有歷史的厚重感。中心廣場花園可是個好去處，我在那裡坐了整整一下午，看著老人騎著毛驢招搖過市，孩子們在嬉笑追逐，成排的年

工藝品老闆

輕人坐在長椅上看手機，牽著狗溜達的時尚少婦，這些都是那麼從容和安逸。「你是遊客嘛，如果在這裡住久了，你會厭煩的。我倒是沒有年輕人走出去的意願，畢竟這是我的家鄉，靠這個手藝我生活得很好，所以滿足了。」她的確是一副滿足感，臉上總是洋溢著幸福。

「攝影師，你願意為我拍照嗎？這是古巴傳統的針織方法，是我媽媽教會我的，現在不是很多人都會做的。」她看到我拿著相機，就認定我是攝影師了。「那有什麼問題呢？」我拍了一組她的照片，又拍了攤位和市場環境。在哈瓦那的工藝品市場這種主動要求為她拍攝的攤主不多，那裡遊客太多，都在忙著做生意。

捲菸師 Juan Madrid

　　走進這家千里達古鎮的小店，他就坐在門口的桌前捲菸，表情淡定，也不會看進店的客人一眼。這裡出售雪茄和各種酒，最多的是古巴產的 Havano 蘭姆酒。櫃檯後面一男一女店員在說笑。「你好嗎？朋友。」女店員招呼我。「我想買雪茄。」我站在雪茄師旁邊看他捲菸。這時他抬起頭，抽了一口檯子上放著的雪茄。「喜歡抽嗎？」他笑著問我。

「當然，而且只抽古巴菸。我喜歡的牌子有派特加斯（Partagas）、羅密歐（Romeo y Julieta）、高希霸（Cohiba）、千里達（Trinidad）……」

「我在雪茄廠工作了三十多年，就是這家生產你喜歡的牌子的廠。後來申請提前退休回家鄉照顧父母，回來以後就在這裡捲菸，離家不遠，既可以照顧父母，也可以賺錢和打發時間。」他捲完一支，為我點上，我們一起抽起來。飽滿、順暢、口感適中，有咖啡和可可的味道。「我沒有品牌，可是菸葉是最好的，手工是最好的。」

「那菸葉不是國家壟斷生產和銷售的嗎？你怎麼買到？」

他放下雪茄，從抽屜裡取出菸葉繼續捲菸。「古巴每年生產三億多隻雪茄，只有不到五千萬支銷往國外，其餘全部是古巴人消費了，所以我也能很容易買到菸葉。」他沒有直接回答問題，可是我也明白了，他在那家最大的菸廠做了三十年捲菸師，人脈一定厚實。「古巴的菸草自然發酵的技術是世界上最好的，再加上無法複製的氣候條件和紅土壤使得古巴雪茄的酵香氣就成為了古巴雪茄口味中最精華、最根本的部分。你在抽的這支雪茄口味淡，可是餘味微甜。」古巴雪茄的味道類似於用焦糖、雪松木、乾棕櫚樹葉、胡桃、桂皮、可可、咖啡豆放在一起燃燒所產生的味道。「你知道嗎，我們的雪茄共有三十多個品牌、五百多款雪茄，每個品

捲菸師 Juan Madrid

牌、每一款雪茄都有自己獨特的味道，因為全世界最好的捲菸師在古巴，所以，我相信，我捲的雪茄也是最好之一。」不一會，他就捲出十支 Carrara 規格的雪茄，他取出一只塑膠密封袋，把雪茄一支支裝入，封好。「你在哈瓦那要留意了，不要買在街上兜售的雪茄，價格便宜，只有正牌雪茄價格的十分之一。」

「那真假如何辨別呢？」既然我準備買他的雪茄，就趁機多問問。我拿起二包十支裝的雪茄，準備付錢，20CUC，相當於 18 美元，便宜到家了。

他收了錢說，「你先抽著，如果好，就在離開千里達前再來買，這樣便宜的好菸沒有賣的。」然後，他取出一張菸葉為我解釋：「我國菸草實行嚴格分級制度，假雪茄使用的菸葉等級不夠，或者菸葉發酵時間不夠長，幾乎嗅不到這種氨氣的味道，」他把菸葉遞到我鼻下，「聞到了嗎？」他問。「假雪茄也

有填充芭蕉或棕櫚樹葉或裁下的碎菸絲，捲菸工不合格，因此抽不動，或者燃燒不起來。有時會抽到怪味道，這與菸葉存放和運輸都有關係。假雪茄是沒有醇香的。雪茄造假很厲害，特別是街頭兜售的賣給遊客的那些。」

回到民宿，給民宿主人看過剛買的雪茄，他取出一支聞聞，用手輕輕地壓著。「這是好雪茄，哪裡買的呀？」「就是剛才在鎮子上買的。」我回答。「嗯，他是高級別技師，小有名氣的捲菸師。你知道，捲菸師是有分級的，工資比普通人高很多啊！」

次日，我又去那家店買了二包 20 支的雪茄，Double Carrara 和 Bolivar，並且要了他家電話和地址。他叫 Juan Madrid。「能否告訴我你是幾級捲菸師？」握手告別時我問他。「捲菸師分九級，我是七級，已經到頭了。」

Scene 二

古鎮千里達

　　經過七個小時，從哈瓦那中央廣場開出的大巴到了中部古鎮千里達（Trinidad）。一路上我都在想像，這個被聯合國宣佈成為世界文化遺產的城鎮是什麼樣子？當車子進入古鎮，我開始失落了，低矮殘破的房子，有些是土坯砌牆，窄小的街道地上胡亂鋪設大石塊。街上不是人力車，就是馬車驢車。建築看起來毫無特色，鎮上也沒有看似文物的東西。

　　當在民宿住下，我開始伴著夕陽在鎮裡漫步時，聽到馬蹄敲打石板的踢踏聲，那節奏伴隨著一兩聲街坊的寒暄。看到老人騎著毛驢晃晃悠悠從我

古鎮千里達

眼前走過，驢屁股左右扭著，那節奏如此規律，我想起了賽萬提斯的《堂吉訶德》也是這樣騎著驢子招搖過市。遠處鐘樓的鐘敲過十響，我才想起來要回民宿。窄窄的街道路燈昏暗，各家門口亮著一盞燈。我住的民宿在電視塔附近，所以在幾乎都是低矮房屋的鎮子裡很容易找到。

　　以後的幾天，我在鎮裡閒逛，去修鞋舖坐著看著鞋匠補鞋，跟他們聊天；去了雪茄店，坐在雪茄捲菸師身旁看他捲菸，跟他一起品菸，末了還買了二盒很好抽的雪茄，這雪茄出自七級雪茄師之手；去酒吧，點了咖啡，跟老闆的小女孩聊天，幫她拍照。我更喜歡坐在中央花園發呆，或者看著人們手舞足蹈地談笑，或跟身邊的人聊天。晚上這裡尤其熱鬧，彈琴、唱歌和跳舞，一片喧囂。

　　在一個下午，我拍完中央花園長椅上一個性感女孩的側面，她突然轉頭對我笑著說，「拍夠了沒。」我頓時愣了，於是，她哈哈笑了起來，「拍了我那麼多，可要給我哦！」她說著就要我重播她的照片。「我來自巴西聖保羅，在這裡好多天了，可喜歡這裡了。」

　　「哦，聖保羅啊，我去過。」我告訴她，「人們都說聖保羅危險，可是我背著相機到處拍照也沒啥事。」

　　「這就對了，我們的城市沒有那麼可怕嘛！」她開心地笑著。

　　「你覺得這個古鎮有什麼好的呢？」我問她。

　　「這個嘛……我喜歡它的原始，沒有人為修飾，你看看街道上的石板，還是幾百年前的。還有那些建築，政府不允許重建，只能維護修繕，而且

要事前審批。再來，那些店舖，很多是傳統手工藝品工作坊，這是古巴文化的傳承。」我們互留郵箱和電話後，我繼續溜達。

　　千里達鎮在西恩富戈斯省，是地球上正在消失的一百個景點之一。因其保護完善的新古典主義和巴洛克風格建築而著稱，所以被聯合國教科文組織列入世界文化遺產名錄。該鎮始建於 1514 年，除了建築聞名於世，不遠處的海灘也吸引眾多遊客慕名前往。古巴三分之一的甘蔗產自這裡，而蘭姆酒的釀製離不開甘蔗，城市周邊一望無際的蔗田和糖廠中彌漫著一股甜香。

　　住過幾天後，我對於這個古鎮的印象由當初的失落變為依依不捨，這裡更適合我思考。

古鎮千里達

Mi Amigo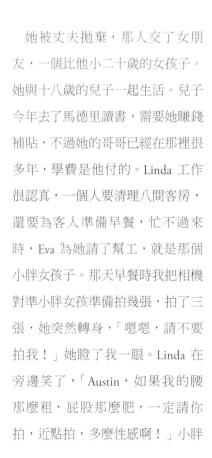

民宿服務員
Linda

　　她被丈夫拋棄，那人交了女朋友，一個比他小二十歲的女孩子。她與十八歲的兒子一起生活。兒子今年去了馬德里讀書，需要她賺錢補貼，不過她的哥哥已經在那裡很多年，學費是他付的。Linda 工作很認真，一個人要清理八間客房，還要為客人準備早餐，忙不過來時，Eva 為她請了幫工，就是那個小胖女孩子。那天早餐時我把相機對準小胖女孩準備拍幾張，拍了三張，她突然轉身，「嗯嗯，請不要拍我！」她瞪了我一眼。Linda 在旁邊笑了，「Austin，如果我的腰那麼粗，屁股那麼肥，一定請你拍，近點拍，多麼性感啊！」小胖女孩不理她，不生氣，也不作聲。

　　Linda 說古巴的男人可不好了，「結婚沒結婚都喜歡找女朋友，我前夫從來都沒斷過。現在那個據說還在大學讀書，真不要臉！」小女孩突然接話了，「那妳自己想過了嗎？」「什麼？」Linda 問。「你知道什麼是新鮮，妳吃飯都會選新鮮的吧！可是你看看你，哎，我要是男人就會找鮮嫩的，哦，像 Austin 這樣的，皮膚這麼光滑！」她過來摸摸我的臉，對我擠擠眼。我的眼光卻不由得落在她超大的胸部，「不許看！」她用手遮住我的眼。「Linda 嬸嬸，妳已經老了。我們古巴人繁殖那麼快，不就是男歡女

愛的傳統嗎？幹嘛非要抱怨男人！」

「你丈夫做什麼工作呢？」我問。「他是電訊公司的，噔，就管這個。」她指著桌上的電話說。「咦，他官可大了，電訊公司的總經理，可不得了。」Linda 笑著說，「跟我沒啥關係，男人就這樣，喜歡權力和女人。」

早餐是雙面煎蛋配火腿、三種乳酪、牛奶和燕麥片、餐包和吐司，還有一大盤水果，切成片排在一起。水果中有我喜歡吃的芒果和酪梨，也有不喜歡的梨子和鳳梨。Linda 看我吃完，準備收拾。「其實古巴男人還算是比較乖的，雖然有些已婚男人交女朋友，甚至交好幾個，可是他們不敢明目張膽，畢竟鄰居、同事、教會還有工作機構

會干涉。不過倒是一些年輕女孩子會主動勾引男人，特別是那些優秀的男人，」說著，她把目光轉向小胖女孩，「欸，Austin，你要是想交女朋友，我來為你介紹，一定非常漂亮。」Linda 一邊說笑一邊清理桌上的東西。「好了，Linda，明天聊！」我背起相機出門了。

Mi Amigo

民宿夥計 Alex

　　操操操，整天讓我刷刷刷。我從樓上客房下來，就聽見 Alex 在抱怨。他踩著梯子，手裡拎著油漆桶，用力往牆上塗漆。「怎麼了帥哥？」我問他。

　　「我老闆瘋了，她潔癖！這牆幾個月前剛刷的，現在又刷，這油漆可貴著呢！幹嘛不把這錢發給我們這些可憐人？」

　　我說：「是啊，有點浪費。」

　　「幾個月前是綠色，現在要塗成暗紅色，她可能是更年期了吧！」我被他逗笑了。

　　據我所知 Eva 還不到四十，「你知道女人更年期是多少歲嗎？」

　　他笑了，「不知道欸，博士，我媽沒告訴我。」

　　「那你去問你那個小胖女朋友。」

　　「啥啥啥，她才不是我女朋友，那麼胖，抱她都不方便，做愛都不知道

怎麼做。」他聲音有點大。那個小胖女孩是民宿餐廳臨時幫廚的女孩子。
「哎，我要是愛讀書也不至於整天在這裡瞎混了，起早貪黑的，還要爬高
上低的，每天睡眠都不夠，看看這裡，」他放下刷子和桶子指著鼻子下
面，「都是皺紋。」

　「欸，那不是皺紋，是法令紋，皺紋在眼角。」

　「Alex 快點幹活！」樓上正在清理的女人 Linda 叫他，「今天要刷完哦，
不然 Eva 會請其他人做的。」

　「關你屁事，你做好自己的事吧！怪不得你男人甩了你，哈哈，反正沒
人喜歡你。」

　「你繼續幹活吧，我出去拍照了。」

　「多拍些美女哦！」他又開心起來，拚命地刷著。古巴人就是這樣開
心，煩惱也有，可是好像風一樣，一會就飄走了。

Mi Amigo

鉗工

　　距中國城不遠處的空地上有兩個火車頭，二個工人在忙於用焊槍切割機車頭上可用部件。一台虎鉗工作檯擺在旁邊，他們將部件夾在虎鉗上加工。機車旁還停放著一輛 50 年代產的福爾加轎車。

　　仔細看過機車，是 1898 年美國生產的，這種東西應該保護的啊！趁他們休息，我們聊了起來。「沒啥用的廢鐵，還不如揀有用的部分為我所用。」其中一個跟我解釋。他們在一家汽車修理廠工作，鈑金都是手工做。50 或 60 年代俄羅斯和美國的車大部分都是拆舊補新，因為美國的經濟制裁，所以很多車基本上都成了手工車。從機車頭上拆下的油管、鐵皮和鉚螺都可以用到老爺車上。由於老爺車多，修理廠的師傅個個手藝不凡，他們不但手工打造車身，連發動機、變速箱整組都可以再造。

　　對於近幾年從中國、韓國進口的車，因為電子部分太多，只能在幾家修理廠修理，他們兩個這樣的修理工無法處理。「不過，中國車愈來愈多了，」他們告訴我，「近幾年中國的客車輸入古巴替代了破舊的美式校車和俄羅斯大巴士，特別是這些車用於接待外國遊客，改變了古巴旅遊業形象。政府部門用車很多都是中國生產的吉利牌汽車。」

Scene ⚑

華人街

　　最早去到古巴的華人以廣東省人居多，那是被賣豬仔做勞工，很多人不能返國，就留在古巴與當地人成婚定居。古巴革命前，哈瓦那已經有「華人街」，應該是拉丁美洲最大的華人街，當時在古巴大約有十多萬華人。「華人街」在哈瓦那老城區的桑哈拉約街及附近的克拉斯街、尼古拉斯街等幾條街道。從國會大廈後面，在桑哈拉約街口可以看到一個高大拱形牌坊上刻著「華人街」。當年最繁華時，這裡商舖林立，生意紅火。古巴革命後很多商舖和生意成為國有，華人便離開古巴去美國和周邊國家，華人街由此蕭條。

　　漫步在這裡，可以看到街道名稱是中西文對照，破舊的樓宇牆面上依然可以見到「中華總會館」、「光華報」、「絲綢之路」和「古巴洪門民治黨」等字樣。上世紀 90 年代，古巴政府批准在「華人街」設立中國城，說是

　　中國城，其實就是立一個門面上寫「中國城」，半條街裡有十幾家中餐館，靠近「中國城」門面的是「廣州餐館」，然後是「東坡樓」、「天壇飯店」和「上海飯店」等。有口碑的是天壇飯店，我去吃過二次，味道比中國城裡的其他餐館正宗。天壇飯店的老闆是上海來的陶琦，她 1995 年到哈瓦那，1997 年開了這家二層樓的餐館，可以容納一百人同時用餐。廚師是從上海請來的，男服務生著「唐裝」，女服務生著「旗袍」，大部分是古巴人，都能講幾句簡單的中文。

　　「華人街」和「中國城」的存在僅僅可以看到哈瓦那殘留的一點點中國元素，這與其他國家有華人居住的唐人街或中國城比較只能算作一個景點，方便喜歡中餐的遊客就餐。據瞭解，目前在古巴的華僑不過百來個。

Mi Amigo 🇵🇷

書店店員 Alberto

　書店在街口，十平方公尺大小，三面牆的書架頂到天花板。進門處有張薄木板架在二只凳子上，一些像是促銷書隨意擺在上面。二位小夥子在聊天。Nevis 跟其中一位穿白色 T 恤的介紹我是來自中國的攝影師，她邀請我來看看。

握過手，我在架子上仔細看著，Nevis 忙去了。大部分書是舊的，但保存得好，只有進門處有些新書，很多歷史、政治書，介紹古巴革命的。小說以拉美作家的居多，還有關於菲德爾‧卡斯楚的書。有一本介紹北京的畫冊，應該是近幾年的北京，由古巴的出版社出版，照片處理的挺好，文字說明詳細。英文書沒找到，於是我問小夥子。他說有本切‧格瓦拉的英文書，市面買不到。進去屋裡，他拿出一本厚厚的書，像新的，10 美元。

付錢時我留意到正面書架上方切‧格瓦拉的畫像，他說那是 60 年代的手繪海報，留下來的不多，二幅 40 美元。準備告辭時，Nevis 過來給我張紙條，上面寫著電話和地址，她邀請我去她家吃飯。她指著白 T 恤說這是她哥哥 Alberto，書店是國營的，他負責管理。她還有一年就從東方大學畢業，學的是會計，這次回來到書店幫忙。我已經很多次被初次認識的人邀請去家裡玩，所以就欣然接受。每次去家訪，我都會帶個禮物，一束花、一袋咖啡、一瓶蘭姆酒或者一包 6 只包裝的啤酒。

這是離我住的民宿不遠的一棟三層樓，Nevis 家在三樓，除了白 T 恤哥哥，還有個上高中的妹妹，我認為比 Nevis 漂亮。父母在電力局工作，父親是工程師，母親是會計。知道我來自中國，他們都與我

書店店員 Alberto

擁抱行親吻禮。她家房子夠大，二間臥房、廚房、客廳、洗手間，我一一參觀，到其他家也這樣，已經成為習慣。乾淨、整潔、簡單，屋裡沒有電視機，卻擺放著二個書櫃，看樣子塞滿了書。父親說，他喜歡讀書，什麼書都讀，兒子在書店，有時就借回家看。他帶我去樓頂，紅磚牆沒砌水泥，他說樓頂沒人用，他們家就用了。吃飯、聊天、看書都行。白 T 恤哥哥彈起吉他。父親說他大學讀法律，畢業就進了書店，雖然不喜歡這份工作，但喜歡看書，跟他的習慣一樣。晚餐就在樓頂，幾只燈泡懸在餐桌上方，加上晚霞射過來的光，還真有味道。arroz con pollo（雞肉飯）、水果沙拉、炸馬鈴薯、魚排，最後是菜湯。母親說他們平時不吃魚，是女兒電話裡吩咐，有中國的攝影師來訪，所以去朋友那裡買的。她說配給店裡下午沒有魚，也不是每天都有魚供應。「古巴的情況外界應該知道，不過日子也沒什麼特別難的。用電沒有限制，每個月收取固定費用，很少的。」來古巴五次，沒有遇到過停電。父親說，古巴的電很充裕，所以不限制用電。晚餐後我告別了他們回民宿，Nevis 送我到街口，說電話別丟了，明年再來，那時我就畢業了，帶你去拍攝。次日一早，Nevis 打電話問下次來時能否帶幫他們家拍的照片。

Eva 的丈夫 Nicolas

　　晚上回到民宿，Alex 告訴我，Eva 明早想見你，你看是否回電。電話裡 Eva 說想介紹一個人給我，問我是否帶西裝。我琢磨該不會去見什麼政府官員吧？「不是官員，明早你就知道了。」「沒有帶西裝吔！連休閒裝都沒帶。」我告訴她。「沒事，那你就隨便穿吧！」次日八點，她來民宿帶我去那人辦公室，路上告訴我說，見的人是她丈夫，管理飯店業，所以不想民宿裡的人知道。走過兩條街，來到一座舊建築前，石頭砌的門廊，入口處的基座上有塊銅板，刻著國家銀行幾個字。這樓二百多年了，這樣的建築哈瓦那有很多，保護得非常好。

跟門口櫃檯後面的女人登記後，我們順木樓梯走上二樓。樓裡感覺厚重、乾淨，過道牆上懸掛著幾幅古巴油畫。Eva 的丈夫 Nicolas 看起來年輕，瘦瘦的，單薄地像個文人。他文質彬彬地為我介紹牆上的作品和檯子上擺放的藝術品。在秘書端上 Cubita 咖啡後，他請我們落坐沙發，先介紹了自己的工作和跟我面談的目的。「希望你能把中國投資引到古巴，進入飯店業，因為現在只有西班牙一家飯店連鎖集團在古巴經營五星級飯店。」他聽 Eva 介紹了我的工作和在香港的業務，就有了這樣的想法。

　　「政府的政策呢？」

　　「政府為了因應國際遊客的迅速增加，幾年前開放民宿，有發揮一些緩

Eva 的丈夫 Nicolas

解作用，可是星級飯店在古巴太少，而政府沒有錢投資，也沒有星級飯店管理經驗的人，這一點中國做得非常好。政府很快會開放外資進入飯店投資和管理，現在是外資和內資各佔一半，當開放後，很多人就想著買樓開飯店，其實符合開飯店的建築不多，那麼一來就會建，這就是商機。」

「怎麼合作呢？」我問。

「與政府合作蓋飯店或買下符合改為飯店的建築，我負責立案和審批環節，不過中方股份應該有我 10%，我的意思是我出錢但是不出名。目前你住的民宿是 Eva 的，也是我們兩人的。我們還有一間很小的民宿，是買下來的。政府限制古巴人買太多房產，所以我們也沒有辦法。」

「那麼，為何西班牙企業可以獨佔古巴飯店業資源？」我好奇地問。

「說來話長，」Nicolas 意味深長地說，「當時前蘇聯解體，援助古巴的一方無法再持續，而面臨的封鎖又無法解除，因此西班牙投資趁機而入，大興土木修建飯店。隨之而來的是大批歐洲遊客進入古巴，哈瓦那獨特的歐洲和拉丁混合文化與美麗純淨的海灘吸引了他們。旅遊業為古巴帶來經濟的發展。你知道，古巴的工業基本上依靠製糖和旅遊業，沒有其他工業部門。我認為，旅遊和文化產業將更加快速發展，所以也許中國資本更願意來到古巴。」

「你分析得很有道理，來過這麼多次古巴，你們的旅遊文化資源的確豐富。」我附和著他。我請 Eva 準備一些資料，以便我為他們聯繫。

Eva 的丈夫 Nicolas

Mi Amigo

電影人 Max

　　計劃中拍攝哈瓦那大學，因為沒能掌握上課時間表，總是拍得不理想。這一天，我在校園閒晃，上午十點多，很多學生已經在外面聚集。問過才知道今天下午學校有活動，所以停課了。一路拍著，就到了雕像下面。遠遠看去有人好像在拍電視或電影，心中暗喜。走近才看到，一位很有型的男人口中噙著雪茄，指揮著攝影機和幾個演員拍片。我為他拍了幾張，然後坐在那裡看著他們忙碌。不一會他也坐在我旁邊，「我叫 Max，」他伸出大手跟我握手，「是哈瓦那電視一台的導演。」口裡的雪茄依說話的口型在擺動，就是不掉下來。「我看到你拍了我，我很酷吧！」

我說，「是啊，以為你是老師在教學生實習課呢！」

他叫那幾位女孩子過來，「請告訴這位先生，你們是演員嗎？」

「不是的，我們是表演科系學生。」

「你知道，她們可喜歡拍電視了，個個夢想做演員。」Max 瞇眼看著他們逗樂地說。

「你都拍些什麼電視呢？聽說電視臺播放的節目大部分都是美劇，對嗎？」

「哈哈，算你說對了，也不完全對。播放美劇是因為免費，反正美國人樂意我們播放他們的作品。我們自己也拍很多片子，一般都是政府要求拍攝的，而缺乏足夠資金是最大問題。你也喜歡看美劇嗎？」他問道。

「很少看，我比較喜歡歐洲劇，故事性哲理性都比較強，而美劇多屬於娛樂性。」我說。

「嗯，你說的有道理，美國文化屬於多元化、速食文化，歷史短，更沒有太多積累。我希望自己能夠拍出濃厚古巴文化背景的影片。」他繼續介紹自己的想法。我們又聊了攝影，他也滿喜歡拍些作品。他說卡斯楚的大兒子也在他們電視臺，是一位攝影師，在拍攝電視影片工作之外，平時也會拍平面攝影作品。我說有機會介紹我跟他認識嗎？我的《哈瓦那迷夢》畫冊他一定喜歡，找時間給你看看。

Max 告訴我如果願意他可以推薦我去哈瓦那大學辦攝影展，進行學術交流，例如藝術講座等。他與校方往來密切，經常幫學校製作節目及拍攝。我謝過他，並跟他約時間再次見面討論攝影作品交流的事。

哈瓦那大學 Sheila 和 Coco

這是第二次到哈瓦那大學拍攝。拾階過阿瑪・瑪德爾雕像，便進入這所沒有圍牆的大學。前古巴領導人卡斯楚就畢業於哈瓦那大學法律系並取得法學博士學位。

二個學生趴在矮牆上聊天，我拍了一會，等她們轉過身後給他們看照片，她們開心地笑著。「你是中國來的記者吧？」她們問。「我是攝影師，在拍古巴的故事。這是我第二次到哈瓦那。」

「我們知道很多關於中國的事情，有一些留學生來自中國。」她們輕鬆地跟我聊著。她們念電腦專科，再一年就畢業了。我挺好奇，便請她們帶我去看看教室。她們說能否不要拍照，因為沒有跟老師說，一般訪客是不能進入教室的。

這是整個學校的電腦教室，幾十台電腦擺在長條桌上，看起來比較新，大部分電腦正在被學生使用。

Sheila 說，使用電腦的除了電腦專科的，還有其他專科的學生。這裡可以上網，不需翻牆就可以瀏覽任何網站。可是目前家裡不能上網，要去電信局才可以。網速比較慢，聽說中國的華為準備為古巴升級網路設備，提升網速了。我無法坐在這裡體會她說的瀏覽網站的事，不過的確覺得古巴人以平靜的心情看待與外界變化。

Sheila 和 Coco 陪著我在校園裡走了一會，我便與她們告別。她們說，畢業後最想去的公司就是華為。我為她們祝福。

Scene ⊨

哈瓦那大學

哈瓦那大學是我每次到古巴拍攝必去的，我喜歡那個不太大的地方，有幾棟堅實高大的建築，門前阿瑪‧瑪德爾（Alma Mater）的青銅像面朝大海背對著校園。我會在校園裡坐著，與旁邊的學生聊天，也會坐在阿瑪‧瑪德爾雕像後面的階梯上望著遠方的大海。「阿瑪‧瑪德爾」是古羅馬文「母親之神」的意思，中世紀代表基督教的聖母瑪利亞。

青銅雕像由藝術家馬里奧‧科貝爾於 1919 年建成，臉部是以哈大解析數學教授何塞‧桑切斯十六歲的女兒恰那‧比亞龍作為原型製作的。校園裡的瑪格納禮堂（Aula Magna）耗時四年於 1910 年完工，哈大重要集會、學生畢業典禮和頒獎等重大活動均在這裡舉行。整個新古典主義牆面以及巴洛克風格的立柱等螺旋裝飾，表現其特別的建築風格。大門正對牆上的七幅壁畫分別代表了醫學、科學、美術、思想、自由藝術、文學和法律等學科。

哈瓦那大學

哈大位於哈瓦那維達多區，於 1721 年九月二十一日建校，是古巴最古老、規模最大的大學，也是拉丁美洲歷史最悠久的高等學府之一。學校設有十五個科系和十四個研究中心，涉及包括經濟、自然科學、人文科學在內的多個領域，總計有大約二十五個專業科目。在校學生大約四萬人，其中六千名是外國學生。政府包攬學生一切學雜費用，而外國留學生一年學費和食宿費用不會超過 3,500 美元。很多人到哈大學習醫學、生物、藝術和語言文化。

我每次去哈大都在上午十點左右，天氣好的話，下課的學生會在花園周邊坐著聊天，這時候便是結交學生的好機會。他們自然樸實，什麼都願意聊，從他們身上完全可以看到古巴年輕人的風範。對於外界的渴望以及互聯網的期待是這一代年輕人的共同願望，有些物質條件好的學生家裡有安裝網路，但是網速超級慢，據他們說大約是 56KB，而大部分人只能在學校圖書館上網，這裡倒是比較方便。他們早餐和午餐吃得特別簡單，在校園附近的小食店裡買麵包、馬鈴薯包和飲料或者三明治。我只吃過一次，實在不能回憶，所以就去哈大附近留學生開的中餐館吃飯，不然這一天就得餓著。

Mi Amigo

警察 Mario

　　這是我午餐必在的餐館，就在小佛羅里達餐吧隔壁。站在窗外的員警引起了我的注意。到古巴這麼多次，沒有機會跟他們聊天。" Permiso, señor policía. You blocked my sight. "（對不起，警察先生，你擋住我的視線了。）我在他轉身前已經拍了我需要的畫面，為了避免麻煩，我沒拍他的正面。

　　他有點詫異，「對不起，我擋住你了？」他不解地問。

　　「嗯，Allá，」我指著餐廳的窗戶說，" Tomé fotos..., you kept away beautiful girls. "（我在拍美女，可是你趕走了她們。）

　　「哈哈！」我們都笑了起來。「我叫 Mario，今天在這裡執勤。你是日本人嗎？」他跟我聊起來。

　　「日本人有我這樣端正嗎？我來自中國，已經第四次到古巴了。」

　　「哦，中國，偉大的國家，很想去看看北京。那你很熟悉我的國家嘍？」他問。

　　「還是瞭解不多，需要像你這樣的朋友多介紹。」

　　他開心地看著我，「一定要，需要什麼朋友我介紹給你，除了被關在牢裡的那些。」

　　「你還挺幽默啊！」我說。

　　「治安好，你放心，我沒有出過國，對外面不瞭解，古巴的犯罪率很

低。雖然也有很少人偷偷摸摸，可是惡性案件不常見。你認為呢？」他問我的看法。

「我來這麼多次，早出晚歸，去的地方很多，沒遇到過任何偷竊、搶劫，甚至沒看到過吵架和爭執。所以一直想認識個警察做朋友。」

「你運氣真好啊！」他握住我的手，「要是有時間去我辦公室坐坐，我們有免費咖啡。」他說著，準備離開。

「太好了，我求之不得。」他拿出筆和小本子，寫下他的地址、電話和警察局名字給我。又問了我的名字，提醒我去之前最好打電話給他看他在不在。我揮手告別，又回到餐吧繼續吃飯拍攝。

Mi Amigo

中學生 Fedro 和 Alice

　　從 La Pina De Plato 用餐出來便看到二個學生邊說邊笑走過來，我的鏡頭一直對著他們。"Hola, Tus uniformes son bonitos."（你們的校服很漂亮！）當他們走近時我打招呼。

　　「您好呀，在拍我們嗎？」他們好奇地看著我的相機。趁著給他們看照片時，我問他們學校在哪裡，我能跟著去嗎？「一起走吧，可是您不一定進得去。」

　　「你們是兄妹嗎？」

　　「不是，她是我女朋友。」

　　「哦，你們讀高中嗎？」

　　「是的，我小學時就愛上她了！」那孩子很自豪地說。

　　「胡說，小學時有很多男孩喜歡我，不是嗎？我都沒理過你！」女孩子一路笑著，性格非常開朗。

　　「學校允許你們談戀愛嗎？」我問。

「不允許，不能讓老師們知道。」女孩子解釋道。

「知道了也沒關係，反正他們管不了。」男孩子堅持自己觀點。

「校服是自己買的？好像每個學校校服不同。」我繼續校服的話題。

「學校發的，有二套，週一、三、五和週二、四著裝不同。」

「腰帶與校服顏色必須統一嗎？」

「對，不過有些同學的腰帶弄丟了就只能等到下一個學期補。學校進門處有老師專門檢查校服，不穿校服必須有合理的理由。」步行大約十分鐘，我們來到學校門口。我與他們告別，準備拍些學生的畫面。「先生，你能否給我照片留念？」男孩子轉身過來，「您住哪裡？我能否去取呢？」

「我住某某街的民宿，你今晚八點以後可以來找我，我叫 Austin。」

古巴學校的校服都是專業設計師設計，量身裁製，從色彩、風格和做工方面看很完美。校服以區為單位統一風格，幼兒園、小學和中學不同。古

中學生 Fedro 和 Alice

巴人身材好，特別體現在年輕人身上，跟校服的設計不無關係。物質匱乏的古巴，政府卻包攬教育的所有花費，實在令人感慨。

當晚八點過一點，男孩子牽著女孩子的手坐在民宿客廳的沙發上等我。我放下相機包，取出下午在沖印店印製的幾張照片，簽上名送給他們。他們開心地頭擠在一起看著。「我叫 Alice，他叫 Fedro，我們做了一個書籤送給您。」一張鵝黃色書籤，上面是二人簽名、日期和地址。

「謝謝你們，我很喜歡，這是誰家的地址？」我問他們。

「我們兩家住同一棟樓，找到他便找到我，」Alice 笑著說，「歡迎您去我們那裡玩，如果您有時間的話。下午四點放學後我們會有一些才藝活動，不過六點前都會回家的。」

「什麼才藝活動呢？」我問。

「我學繪畫，Fedro 學小提琴，是學校根據我們的意願安排的。」

「要付費用嗎？」我繼續問。

「不用，不過如果回家練習就得自己買琴了，那裡的琴是學校的，」Fedro 說，「您在哈瓦那住多久呢？」

「我再過二天就離開了，這是我第五次到哈瓦那，不過我還會來的。」

「哇，那您一定要聯繫我們哦！明年我們就要上大學了。」

我與他們握手告別，「下次來一定找你們玩。」

Mi Amigo

老奶奶和孫女

二個剛放學回到家的孩子進入我的鏡頭，一副安逸和快樂的畫面。"Hola, cómo están ustedes?"（你們好，今天好嗎？）我跟他們打招呼。

「很好，謝謝。你在為我們拍攝嗎？」老奶奶問。

「是的，您看看吧，多漂亮！」二個孩子也擠著腦袋看。

「這是我孫女，他們放學了，到我店裡，我看著他們。」

「爸爸媽媽都在上班呢！」其中一位跟我說。

「這店是您的嗎？」我問。

「不是，我在為政府工作，下個月就退休了。」

「我看您很閒呢！」我笑著說。

「那可不，每天三餐前後人多，食品不多，樣子就那麼幾種。有些人有錢就去市場買。」她解釋道。

「什麼市場？」我問。

「其實就是黑市，或是有人私下交易。不過，政府現在放鬆管制了，食品種類會多一些。我指的是私下交易。我們的品項沒有改變多少，只是量多一些。」

我從相機袋裡摸出二塊巧克力給孩子，他們很開心地謝過我，就仔細剝開包裝紙用舌頭舔著。我連忙用相機拍下這一畫面。

Mi Amigo

小餐館的 Katia

　　哈瓦那的旱季少雨、乾燥，還是那麼熱。在街頭拍攝一天，我感到飢餓口渴，早上在民宿吃的豐盛早餐已經被持續幾個鐘頭的走動消耗殆盡。Papi A 的 Katia 此時就出現在我眼前，她的目光談不上勾人，卻吸引著我走進餐館。坐下點了可樂，她把剛才在門口舉著的餐牌放在桌上，站在我旁邊。我可以感受到她的體溫，嗅到她的體香，感到她的心在噗噗跳。她那雙長睫毛水汪汪的眼睛望著我，我在想她是否會問我的聯繫方式。「先生，能否看看你為我拍的照片？」栗色的皮膚光滑結實。我有點失神地盯著她。給她看了剛才拍她的幾張照片，手把手教她如何使用相機功能看片。我感到自己心跳太用力，似乎被她聽到。

餐館位於旅遊區，中午生意清淡，遊人這時都去遠處景點觀光了，服務員比較隨意，有大把時間跟客人聊天。古巴人天生樸實無華，對外人沒有戒心，而且友善直接。

女孩子名叫 Katia，資訊科技大學畢業，可是不願意進入通訊行業，因為她更喜歡舞蹈。這家餐館的經理是父母的朋友，她剛來不久，目的是練習英語。她說，中國人不多見，特別是會講西班牙語又會拍照的中國人。她最喜歡這張照片，「這就是真實的我」。在這裡做一個月，餐館支付她 80 比索（8 美元）。其實她家境還不錯，父母是工程師，住在政府的一套公寓裡，養著包括她在內的三個女兒。她是老大，二個妹妹在讀高中。

她去招呼進來的一對夫婦，那二位囉唆了半天。為了跟她繼續聊，我又點了雙球冰淇淋。哈瓦那任何一個店裡出售的冰淇淋口味都很好。她問我是否能給她照片，長這麼大第一次有人幫她拍這麼多她喜歡的照片。「附近有一家沖印店，非常貴。」她說。她留給我家裡電話，明天休息，請我去她家玩。

古巴的女孩子純真，沒有任何雜念。從 2004 年開始專門去古巴拍攝，前後已經五次，期間認識很多人，女孩子都是這樣。記得 08 年拍的在哈瓦那大教堂門口與家人禮拜的女孩子，在 2012 年已經結婚，我還去拜訪了她和家人。這一次本想再去看看他們，可是他們去了鄉下老家。Katia 說大學是她最喜歡和留戀的生活，簡單無憂，平平淡淡的。

那天早上，當我按照約定時間到了一座二層建築的住宅門口時，Katia 已經等候在那裡。她先給我

一個擁抱，我吻了她面頰，這是拉美人的禮節。她穿著一件白色棉質短裙，小背心帶著蕾絲，性感熱情。這麼多次到哈瓦那，我在攝影中結識了很多人，男女老少，跟他們聊天，去他們家裡，認識他們家人和朋友，有時間也參加他們的活動。他們的無忌和友善令我感動，我每次再去都會帶些小禮物及印出的照片，看看他們。有的人已經不在人世，有的已成家，有的出國工作。

Katia 的父母為我準備好水果，他們知道中國發展很快，言語中充滿羨慕。他們指著樓外的建築，那些早已破舊不堪的住宅樓房和失修的街道，希望因國家的開放而改變。望著這套幾十年歷史的老住宅，四間房和客廳整理得簡潔乾淨，有台十八英吋電視機擺在牆角小桌上。Katia 說這是政府獎勵給父親的，因為他是勞動模範，而且為國家工作了近三十年。我看了，電視是中國產的海爾液晶電視，算是比在哈瓦那街頭商店看到的電視先進一些。我把印出的幾張照片從包裡取出立在電視機螢幕前。她父母開心極了，「拍得這麼美麗啊！我們是第一次看到 Katia 在照片上，真美啊！」他們感嘆著。

Katia 跟我要手機號碼，說這樣聯繫比較方便，不過沒辦法上網。古巴上網需要買卡，而且網速很慢，所以她家裡目前無法上網。她說想先工作幾年，看看有沒有機會去西班牙繼續讀書。她的一些朋友已經去了，不過聽說那裡的就業市場很不好。我告訴她，也許中國也是個不錯的選擇，可以去教書、工作，也可以嫁給中國人。她哈哈地笑起來，父母也樂開了。她倒是很直白地說，「那就嫁給你吧！」

Scene 🇨🇺

餐館/酒吧/美食

　　哈瓦那老城區的餐館很多，新城區沒有太多選擇，所以遊客喜歡住在老城區裡。普拉多大街、哈瓦那警察局附近、大教堂、中央廣場以及老城區的大小街道都有餐館酒吧。如果要求口味，我比較喜歡的是中國城的天壇飯店、小佛羅里達餐吧、武器廣場正對面小巷子裡的餐吧以及哈瓦那警察局附近的幾個餐館。哈瓦那新城的「哈瓦那自由飯店」周邊有很多酒吧和餐館，有些也不錯。

　　很多當地餐館的魚做得很差勁，硬和鹹是特點。哈瓦那海鮮很多，把魚做成硬塊，讓人完全沒有食慾。民宿和飯店會提供早餐，所以一般餐館不供應，現在街頭有些餐館也開始製作早餐了，麵包、煎蛋、乳酪和水果。2017 年去哈瓦那時，我每天早上去一家在老城區靠近普拉多大街一個教堂附近的餐館吃早餐，供應自助餐，每人 4.9 歐元。我喜歡那裡豐富的水果，每次幾乎吃到撐。中餐和晚餐一般是豬排、牛排、魚排、沙拉、紅豆湯和紅豆米飯，當然有些餐館可以做各種海鮮，這裡龍蝦、青口、扇貝非常便宜，正餐還可以配蘭姆酒、各種雞尾酒和紅酒。智利、阿根廷等國的葡萄酒口感好也便宜。

酒吧分佈在老城各地，但是比較集中的有幾處，例如：中央廣場周圍、武器廣場周圍、哈瓦那港口附近，酒吧裡都有樂隊彈唱，週末人滿為患。我最喜歡的酒吧是小佛羅里達餐吧，這裡的樂隊和舞者非常優秀，也許是因為海明威的緣故，餐吧請的樂隊應該是最好的。餐館和酒吧裡彈唱的樂隊一般會不定時向客人收取小費，1CUC 或者多一些也不會拒絕，但是他們不會重複向已給小費的客人收取。

　　在哈瓦那餐館吃飯，客人要有足夠耐性，這裡上菜都很慢，有時候客人會覺得自己被遺忘。不用擔心，也不用催服務生，這是他們用餐的習慣，特別是晚餐，要一道道地上菜。所以我的經驗是，叫不同的雞尾酒嚐嚐，反正一杯才 2CUS。一邊喝酒，一邊聽歌，習慣這裡的慢生活。

　　推薦幾個餐館：

- Bavaria de barrio Chino, Dragones 414 | Esquina Campanario, Barrio Chino, Havana, Cuba, +53 7 8632068

- Moneda Cubana, Calle Empedrado No. 152 entre Mercaderes y San Ignacio | La Habana, Havana, +53 7 8615304

- Dona Eutimia, Callejon del Chorro#60-C,1 Plaza de la Catedral, Habana Vieja, Habana 30600, +53 7 8611332

- La Fontona, Calle 3ra, A esquina a 46, Playa, Habana, +53 7 2028337

- Porto Habana, Calle E No. 1588 piso 11 entre calzada y 9na vedado 1piso 11B Vedado, Habana 10400, +53 7 8331425

Mi Amigo ⊨

握手大叔 Alejandro

　　我連續幾天走過這條街，尋找計劃拍攝的畫面。早晨 8 點之後的一小時，上班和上學的人很多。我選擇政府機構附近的位置，陽光照射在建築物上，行人經過時身影投射在牆面，形成一塊天然幕布。我的拍攝計劃是理想的上班造型，拎著公事包、孩子背著書包、長髮女人，最佳畫面是握手或擁抱。使用 35 毫米定焦鏡頭拍攝，必須手動用光圈調節景深，因為走進畫面的人有的離牆面近，有的離牆面遠。使用 F8 光圈，有足夠景深，因此，在 F8 光圈時，前後景深應該在 3 米，任何進入畫面的人都清晰。

　　握手的畫面是在拍攝四十多張以後突然出現的。我看到一個男人從左邊走入並大聲跟前面幾個聊天的男人問好,我估計他們會擁抱,但是不知道陰影中的男人是否會走進陽光下。當左邊男人伸出手時,我知道最佳拍攝機會到來,於是連按三次快門,這也是徠卡相機的極限。前面的男人沒有走進陽光,只伸出一隻手與左邊男人握手。拍完後我仔細放大圖像,確認沒有瑕疵時才離開。我當時想,人們的交往基本是從握手開始,可是沒有人知道結果,那個陰影中的人神秘而未知。

　　完成畫面拍攝後,我走近在政府部門的門口聚集的人群,與握手的男人打招呼。"Hola, tomé fotos para tí!" "Oh, gracias, las puedo ver?" 當我把相機螢幕調到他握手的畫面時,他高興極了,其他人也爭著要看。他叫Alejandro,是街道黨組織負責人,今天街區裡街道的負責人集中開會,所

握手大叔 Alejandro

以大家一早就來了。我第一次接觸街道黨的組織，雖然不感興趣，卻也好奇地打聽。Alejandro 很自然地介紹他的工作，他負責黨務，但主要是轄區街道的日常管理，包括安全、衛生、居民公共活動、鄰里問題，例如噪音、家庭不合，還有巡視個人商業行為是否符合規範等等。個人商業活動已經有限度地開放，但是必須遵守法律登記和監督，針對外國人開放的民宿是由古巴人經營的，因此他也負責街道轄區內民宿的管理工作。

　　差不多到了要開會的時間，還有人對中國感興趣，可是他們沒有機會問。Alejandro 建議我留下民宿電話，希望我去他們街道看看，到時通知大夥兒去他辦公室聊聊中國。

Mi Amigo 🇨🇺

寫作業的孩子 Madri

　　依然是這條街，中學、小學和幼兒園都在街邊建築裡，孩子們的體育課就在大街中間的寬大隔離帶上，那裡宛如一條樹木蔥鬱的步行街，兩旁用石頭砌起花壇和座椅。臨街的教室窗子裝著鐵窗，當那個下午走過窗子時，我看到自己一直在尋找的畫面。我退到旁邊，迅速換上 90 毫米定焦鏡頭，聚焦等待。由於室內光線暗，我不得不用手將鏡頭固定在鐵條上，等她抬頭的一瞬間。大約一分鐘，她突然意識到面前窗子有人看著她，她稍帶驚奇的大眼睛和俊俏的面孔以及我要的場景，都被我拍到了！我對她笑笑，打招呼。我說是從中國來，已經來過哈瓦那多次，一直想拍一個美麗女子讀書的畫面。她問我她美嗎？我回答，「何止是美，簡直是絕美！」她咯咯地笑著，說下次再來幫她媽媽拍攝，她更美。

"Momentido por favor." 她要我稍等，然後轉身出了教室門。"Aquí, mi amor."（親，我在這裡。）她從校門出來，眨動著一對明亮的大眼衝我笑著。"Las puedo ver?"（我可以看看照片嗎？）看到照片裡的她，她微笑著。「我媽比我更漂亮，你何時有空能幫她拍拍嗎？她就在學校後面的醫院。」

「醫院？你媽媽是醫生嗎？」我幾次到哈瓦那，從沒有去過醫院，也沒有遇到過醫生。可是古巴的醫學教育和醫療水準比較高，這不是傳聞。我說：「你看看她何時方便，我可以的。」她要了我電話，說晚上打電話給我。

「我叫 Madri，在這裡讀高中一年級。」如果二年內再來古巴，她一定還會在這裡，不過，教室可能會變。她從包包裡拿出手機，「你有手機嗎？能告訴我嗎？」

「哦。」我沒有反應過來，沒有想到一個中學生竟然使用手機。在我遇到的古巴人裡，這也是頭一位。看到我詫異的表情，她說很少人使用手機，特別是在中學，「所以我偷偷地用。這個國家才剛剛開始使用手機，網路只在熱點有訊號，不過，你要是打電話來我可以接聽，費用不是很貴。」

到了古巴，我的手機處於待機狀況，既不接聽也不撥出，更不能上網，所以與外界隔絕。Madri 迅速記下我的手機號碼，「晚上見！」剛說完一閃身就進入校門。關於她，我還有很多問題要問，大腦還處於緩存狀態。

Mi Amigo

母親 Rosemary

　　到過多次哈瓦那拍攝，只有這一次拍攝到一組讓自己滿意的小學生上學的照片。在這條大街上有幾所學校，小學和中學。早晨的小學生都由父母或者大人陪伴步行去學校，乘坐老爺車上學的很少。跟中國一樣，哈瓦那的幼兒園和小學門口，上午和下午的上學和放學時間總是圍著很多接送孩子的家人，每當看到這個場景我心裡便感到暖暖的。我使用一只 35 毫米定焦鏡頭抓取計劃中的畫面。

這個女士手拉男孩從遠處走過來，不時停下來蹲著跟他說幾句。到了學校門口，輕吻過他，拍拍他肩膀推送他走進黑色鐵門。鐵門最後關上，只留下一條縫隙。她依然不放心地透過縫隙望著男孩的背影，那一刻我一陣心酸，眼睛濕潤了，想起我的父母。他們雖然沒有如此送我上學，可是我人生的每一步都離不開他們默默的注視和擔憂。

　　她準備離開時，我走上前去，告訴她剛剛為她拍照了。她很漂亮，身材很美，說話輕輕的。「我來自中國，到哈瓦那幾次了，一直想拍一些與教育有關的照片，例如中小學校、幼兒園、孩子和家庭。」我給她看了那張她透過門縫看兒子的照片。她問幾點了，我看看錶，八點十分。她放鬆地笑著對我說，你拍出了我的內心。「我再過十分鐘就要去上班，怕遲到，你不會介意跟我邊走邊聊嗎？」 "Cómo no?" 我說很樂意陪她去上班。

　　她在法院做書記員，必須早到協助法官準備好所有今日審案的卷宗。雖然工作不是很辛苦，可是嚴格的程序和時間約束讓她備感壓力。她剛從另一個區的法院調動過來，兒子也轉學到附近學校，所以她擔心這幾天兒子可能生疏，情緒不好。下午她或者孩子爸爸會請假去接兒子，不過等他適應了，自己上下學沒問題。

　　她大學讀法律，到法院做書記員已經幾年了，生孩子讓她沒有時間參加法官考試，所以現在要努力。「你在刑事庭還是民事庭？」我隨口問。

　　「刑事庭，咦，你怎麼知道法院專業分工？」

「我也讀法律，很多朋友做法官和律師。」

她突然握住我的手，「很高興認識你啊！」到了法院門口，她說：「我得上班了，希望再次見到你。能給我照片嗎？」我說當然可以，而且必須給你。

「我叫 Rosemary。」望著她離去的背影，我說："Me llamo Austin"。記下法院的門牌並問清楚守門人法院所屬區、功能、編號、名稱，我告訴自己，下次來一定找她聊聊。

母親 Rosemary

導遊 Mandez

　　我在街邊緣石上坐著，手中的相機已經調好焦聚，等待畫面中的人物出現。我運氣很好，每一次都能等到恰當的畫面。這一次拍到的理想畫面是一張憂鬱的面孔，他直視我，一直到我跟前，接著我們相互微笑，招呼。古巴人就是這樣，淡定的表情，火熱的內心。見到他的第一眼，我以為他是工人，剛剛下班。當我們聊起來，才知道他是專業導遊，在旅行社工作，主要負責接待講英語和德語的遊客。到古巴旅遊的歐洲遊客很多，一年四季都是旺季，旅行社人手不夠，而他更是接團不斷。

他叫 Mandez，二十八歲的他已經是三個孩子的父親，其中一個男孩子是他與第二任妻子所生。前妻為他生了一兒一女，的確讓他開心，可是後來卻因為他和德國遊客外遇，她便帶著孩子離開了。我說你幹嘛吃著碗裡的還看著鍋裡的呢？他說你體會不到的，德國女孩子跟團到哈瓦那玩，他帶著團去了幾個省。快離開時，女孩子約他出去，告訴他她喜歡上他了。其實他也看出來了，不過在帶旅行團時沒有流露出來。

他其實滿喜歡那個女孩，比起古巴女生，金髮碧眼和綢緞般的皮膚讓他遐想萬千，而且那女孩對他很好。她剛剛大學畢業，跟隨父母到古巴旅行，對於古巴社會和文化深深著迷。半年以後，女孩獨自一人到哈瓦那找他，一住就是一個月，他們已經貼在一起了。Mandez 說，那是他人生中最幸福的時段，

幾乎忘記世界的存在。女孩子想留下來，找份工作或者在哈瓦那大學讀西班牙語和文化。

有一天，當他們在女孩子住處做晚餐時，Mandez 的前妻推門進來，她很冷靜，坐下來跟女孩子說：「我們聊聊吧，我早就知道你們的事了。」Mandez 雖然感到意外，卻也想到了前妻應該會找到這個地方，所以他也坐下來跟他們一起談。我說：「不是很尷尬嗎？」「沒什麼好尷尬的，男女之情嘛，說清楚了就行，沒多大事的。」

Mandez 前妻說，古巴男人除了妻子，還會有情人，一個或幾個，他們不需要負擔這些女人的生活費用，因為都是政府配給。「看得出來，你喜歡 Mandez，可是你一個外國人沒有了他如何繼續待在哈瓦那？畢竟這裡不像你們國家自由。」最後，女孩子感謝她的坦誠，也說明自己是真的喜歡

Mandez，不過留下來的確需要考慮很多事情，也許不太容易。她會與 Mandez 商量。

沒有多久前妻帶著孩子離開了他，他一直住在女孩子租的房子裡，幫她延續簽證後一直沒有找到工作，可是女孩子也不急，計畫在哈瓦那大學讀碩士研究生。Mandez 一直期待著美好的未來，直到有一天，女孩子家裡打電話告訴她父親病重讓她速回。

之後的事與小說的情節差不多，他們常常通電話，都是她從德國打過來，慢慢地他們之間變得疏遠。一年後，他娶了現任妻子。Mandez 說，如果你生活在古巴，不用擔心什麼，凡事任其發展，沒有必要刻意。做導遊，也是他目前喜歡做的事，每天可以跟不同的人交往，瞭解很多事情，而且遊客離開時都要給他小費，10 歐元到幾十歐元都有，收入自然比一般人高出很多。

我問她後來德國女孩子還跟他聯繫嗎？他說家裡申請了互聯網以後跟她經常聯繫，她說她依然喜歡他，可是有很多現實問題她沒有能力應對，所以他們只能做好朋友了。Mandez 說，以後出國方便時，他就去德國看她，也許那個時候她已是一個孩子的母親了。「愛本來就是隨遇而安的事。」Mandez 就是這麼想的。

從他家出來，我回飯店整理給他拍的照片，電話裡感謝他邀請我去他家作客，下次到古巴時再見。2017 年二月第六次去哈瓦那時，恰好他帶團去了關塔那摩省，我們通了電話，我去他家把上次的照片和禮物交給他的妻子。我跟她說，古巴人的眼神我永遠不會忘記。

普拉多大道與老城街區

　　這條大街應該是哈瓦那最具指標性的大街了！從哈瓦那灣濱海大道的古巴獨立運動著名將領的青銅像開始到中央廣場，在街道中心的公園和人行道可以看到許多哈瓦那人的生活景象。例如早上趕去上學的學生和接送學生的家長，因為這條街上有很多幼稚園、小學和中學，還有著名的古巴國家芭蕾舞學校。學生的體育課也在這邊上，所以十點鐘左右這裡便成為學生的樂園。下午是趕著回家的人，還有遊客以及散心的人。晚上，更多的是年輕人在這溜滑輪、跑步和娛樂。週末，普拉多大道是藝術家的市集，他們在街心公園支滿花架，陳列作品等待遊客購買。古巴的油畫和水粉畫集合了歐洲和拉美風格，體現出其民族個性。價格從幾個歐元到幾百歐元不等，可以與藝術家議價，但是不會降太多，畢竟那都是一筆一筆畫出的原創作品。

普拉多大道與老城街區

房子可以自由買賣以後，週末便在普拉多大街自然形成房屋交易市場。有房子要出租或出售的人手裡舉著寫滿資訊的自製紙牌四處轉，尋找顧客。據說買賣雙方自己評估房屋價值，目前還沒有政府機構介入。

普拉多大道由街心公園分成兩條道路，單向行駛，兩邊大部分是四層或六層帶有騎樓的建築。有些已經翻新，一樓臨街店面成為餐廳和酒吧，二樓以上是住宅。政府鼓勵外國投資者與國營公司合作將舊樓改建成高檔酒店。每天最繁忙的街道應屬普拉多大街了！披掛古典的觀光馬車、五顏六色輪轂鋥亮的老爺車、人力三輪車不斷駛過這條街奔向濱海大道。在這裡隨時可以遇見熱情奔放的古巴美女搭訕，也可以碰見一群下國際象棋的老人，順便看看與他們聊天。從這裡走到中央廣場，參觀國會大廈、觀看國家芭蕾舞劇院的芭蕾舞演出、去 Partagas 雪茄廠參觀購買雪茄，還可以去海明威常去的小佛羅里達餐吧喝杯 Mojito、感受小樂隊彈唱的情調。離這裡不遠處就是革命博物館、國家美術館還有老城區內比較集中的餐館、酒吧和舞廳。

普拉多大道沒有晝夜，一直人來人往，熱鬧非凡。

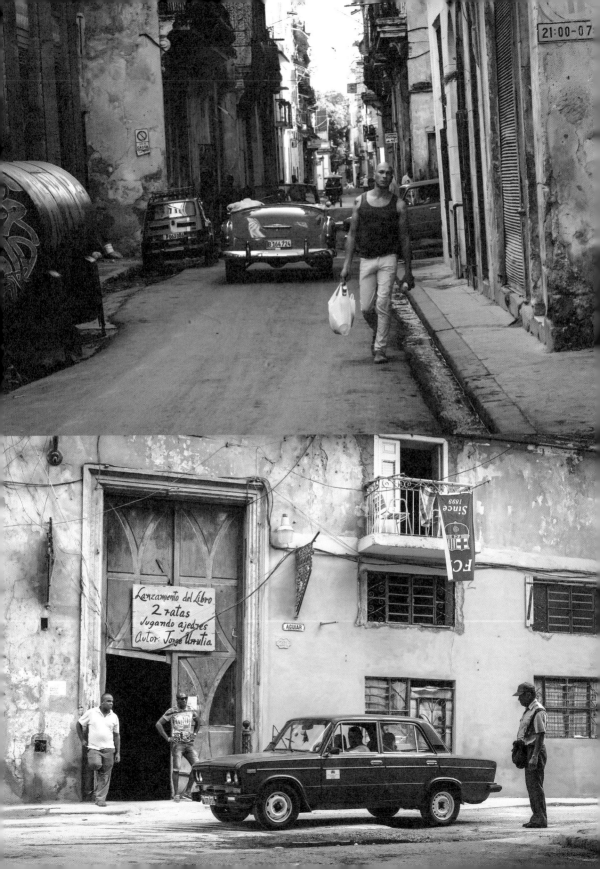

Mi Amigo ▰

Homa 醫生

　「你好啊，朋友，你多拍一些，給我看看。」當我坐在他對面時，他依然我行我素地仔細抽著菸。我習慣使用一支 35 毫米鏡頭近距離拍攝，所以我就拍了很多張。我留意到他左手的殘疾，一定發生過什麼事情，我心中暗想。拍完一組，我問他喜歡抽雪茄嗎？他說那玩意太重，不如抽這個來得快。「看到攝影師我的興趣就來了，你知道我以前喜歡攝影，當時用的是俄羅斯產的相機，拍人物，特別是女人。我那時很英俊瀟灑，作為一名外科醫生，衣食無憂，而且很受人尊重。」聽到他是醫生，我有些驚奇，他現在的樣子讓我有點懷疑。

「你知道我多大年齡了嗎？」

「應該在 60 歲上下吧！」我不敢往上猜，儘量說得年輕。

「哈哈，你真可愛，我已經 80 歲了，古巴長壽的人不少呢！」我頓時愣住了，實在不敢想像面前的老人、醫生、攝影師或攝影發燒友。「你想知道我的過去嗎？」

「嗯，太想知道了！本來我想去找家醫院拍攝，記錄古巴醫院的影像，可是苦無門路，不知進去如何拍，拍些什麼。據說古巴的醫療技術很先進，還在不斷輸出醫生和技術。」

「你說的是，不過先進也只體現在少數方面，古巴的確很重視醫療技術的發展，政府會投入很多資源培養人才和資助科學研究。哈瓦那大學醫學院你去了嗎？」

「嗯，專程去的，學生都穿白大褂，很有醫生的樣子。」

「我就是那裡畢業的，而且是碩士畢業。我曾經是個優秀的學生，後來成為優秀的外科醫生。」他點上菸，繼續抽，中午直射的陽光強烈射在他古銅色的臉龐，他還是保持一開始的坐姿。「我的青年時代是一個革命的時代，我曾保持著堅定的意志為革命服務，忘我工作。看到這隻手了嗎？由於醫術好，病人都指名要我手術，所以每天手術排得很滿。有一天，我已經做了很多台手術，實在疲勞過度，可是仍然還有一位病人等候。我

想，完成這台手術便可以休息了，所以，手術中稍微眺了瞬間，可怕的事就發生了，自己割傷手指。沒有幾天傷口感染，需要截肢。我是左撇子，沒有這隻手我還能幹嘛呢？你理解我的心情嗎？一個年輕、有追求、有理想的醫生，一個醫術精湛的外科醫生就這樣離開醫院。

我去教過書，也做過研究，可是醫院的情結一直斷不了，於是我就一直消沉。喜歡的相機從此也扔在一邊，沒有愛好，也沒有追求。結婚，生孩子，找女人，一天天的到了今天。退休後的生活安安靜靜，我也反思過，離開手術臺並不能證明我的無能和前途渺茫，當時因為年輕吧，太強的好勝心左右著我。現在看來，我為自己的錯誤心態付出代價。」

聽著老人述說，我為他感到惋惜，不過他對自己的總結還是令人欣慰。我問他，「餓嗎？已經是午飯時間。」他說不餓，「我吃二頓飯，你要是餓去吃一點吧！我每天都會到這裡坐坐，找人說說話。你說要去醫院拍攝，要告訴我呢！我的學生有做院長的，還有名醫，想去哪所醫院請告訴我。」他跟我要了紙和筆，寫下他家電話號碼和地址，再寫上自己的名字——Homa 醫生。

與他道別，因為我要去另一處拍攝。不過我會跟 Homa 醫生聯繫，他是一個有很多故事的人。

Mi Amigo

富人 Educardo

認識 Educardo 時我沒有看出他的富有，還是在街頭拍攝時他們跟我搭訕聊天，一開始以為他是餐廳服務員。那天我倚在街角等待畫面裡的人物出現，對面的餐廳有很多人進出，符合我的拍攝需求。過去數年古巴發生了很多變化，以前飯店和豪華餐廳基本上是接待遊客的，只有收入好的官員和商人才有條件去這樣的場所消費。

Educardo 的太太很幽默，她看到我在拍攝便來打招呼。聊了一會問我，你想去我家拍嗎？拍了這麼多次哈瓦那，很少有人直接邀請我去家裡拍攝。我有些詫異。她搭著丈夫的手，「走吧，請 Austin 去看看古巴先富起來的人！」然後自己笑起來。

他們的車一路沿著哈瓦那灣朝著國家大飯店方向疾駛，不到一小時車停在一處別墅區。「這棟房子是我們買下的，革命前是哪個大富豪的，他們離開古巴已經回不來了。看看這房子，多麼漂亮。」Educardo 的太太帶我參觀他們家，介紹著。桌上的擺設、傢俬還有各種用品不乏國際品牌，這些東西都是他們去歐洲旅行時帶回來的。

我的確沒有想到他是個富人。古巴的朋友告訴我，能夠做生意的人都有政府背景，或者是官員，或者是國營公司。我也有意跟他聊起這個話題。他非常直接地告訴我，他是國營公司的負責人，主要負責進出口業務，所以收入比較高，可是這些收入並非來自於工資。「古巴每年需要從外國購買很多東西，因為大部分工業和生活用品我們沒有能力自我生產，要知道，這是需要建立工業體系的，而我們沒有。我們被封鎖了很多年，只有糖廠、菸廠和生產糧食的加工廠。所以，生活用品需要花費外匯購買，商店裡的進口商品都是我這家公司從外國採購回來的。」

「我看到商店裡 150 克的 Crest（P&G 產品）牙膏標價 27 歐元一支，當地人可以買得起嗎？」我告訴他前幾天在中央公園附近的商業街上看到的。

「應該是標了二種價格，你也許沒有注意，」他太太插話說，「古巴人的價格應該是 27 比索，27 歐元的標價是外國人價格。」Educardo 解釋

道，「現在商店多了，因為來的遊客很多，對於商品的需求持續急升，而我們又無法自己生產，所以你看，我們必須動用外匯在外國購買，那麼賣給到古巴觀光的遊客價格就應該貴一些，這也是政府外匯來源之一。事實上，現在大量民宿的出現就是政府為了滿足旅遊市場需要，特許市民利用現有房源接待外國遊客。你住的民宿門口都掛著一個藍色 T 字，這是專門住外國人的，而紅色 T 字是接待古巴人的。我們所有的建築材料都要進口，蓋飯店需要花費很長時間，而且需要與外國投資者合作。現在你瞭解我這個進出口公司有多大嗎？」

Educardo 給我看他去不同國家商務旅行的照片，還有跟很多人的合影。「所以呢？政府獎勵他很多錢嗎？」

他太太自豪地說，「要是他不在這個位子上，也不做這一行，他也就只能做餐廳經理了。」說完，自己哈哈笑了起來。

關於他之前做什麼，我沒有打聽，但是從他們的對話裡可以聽出他的級別和地位比較高。理所當然地他獲得的資源多，收入也高，這也是為什麼他太太很自豪地告訴我他是先富起來的人。遇到 Educardo 這樣的人機會不多，能夠受邀去他們家裡作客拍攝的人應該更少。在他家裡一直待到晚餐後，這一天我拍了很多，也聊了很多，瞭解到了國家控制商業的基本結構和供給制出現的問題，當然我更加體會到古巴人的熱情和坦誠。這也是我去了很多古巴人的家其中一個典型例子。外界對古巴的理解遠遠不夠，他們能夠在大量歐洲遊客湧入多年，依然保持淳樸民風和文化個性實屬不易。一個民族的強大不能只看經濟繁榮和物質豐富，而應該更加注重其內涵和對傳統文化的堅持。

Mi Amigo

餐廳服務生 Casa de Juan

　　在哈瓦那大教堂旁的餐廳，他正跟同事一起在吧台調酒，當注意到幾公尺之外的我用相機對著他們拍攝時，他一時興起，從後面抱住他的同事，兩個人表現得很親密的樣子，顯然是在做給我看。我放下相機走過去要了杯喝的，坐下，點燃一支雪茄。「你好啊！」他走過來，「你是攝影師嗎？」

「是的，」我笑著答他。

「小夥子，您看起來很酷吔！我是 Casa de Juan，很高興為您服務。」他站在我旁邊自我介紹。

「謝謝你，我哪裡酷呢？是因為抽雪茄嗎？」

「哦，不是不是，您給人的感覺很酷。剛才拍我們的照片能否看看呢？我想我也很帥嗎？哦，不對，是很酷嗎？嘿嘿！」他自己開始搞笑了。

「沒問題的。」我開機重播給他，他立刻叫同事過來一起看。

「呀，原來我這麼帥氣啊，你看看這身材！」

「我也認為你很帥，胸肌很發達，或者說是胸大。」

「哈哈哈！」他得意地笑起來。

「欸，等等，我能問你個問題嗎？」我收起笑容，假裝嚴肅地問他，「你是同性戀嗎？」聽到這個問題，兩人立刻大笑起來，「是的，是的，我們兩個是。」看著他們的不正經，我明白大家都在開玩笑。「您要是有興趣拍，我告訴您一個地方，週末有很多。」Casa 告訴我。「可以隨意拍嗎？」我問他。「當然可以，有啥不能拍的，相愛自由嘛！要是您願意，我帶您去，不過您是否能為我的酒水買單呢？」這是他的條件。「這是個問題嗎？」我伸出手掌跟他互擊一下。

「你知道古巴是個很自由的地方，特別是性自由，你喜歡誰都可以，男人女人，誰管你呢，這是私事。你看看我們倆，都有幾個女友的，你要是

願意我可以幫你介紹。」他又端來一杯自己調的酒給我,「請您嘗嘗,親自為您調的酒,」然後低下頭,低聲說,「不收錢的。」「這也可以嗎?」我問他。「是的,都是國家的,不會虧錢的。」

「如果跟女朋友有了孩子可以墮胎嗎?」「不可以,在古巴是非法的,除非您想拍一些監獄的東西,否則那個地方不好玩的。」「是嗎?這麼嚴重啊。那麼,孩子誰來養呢?男友會管嗎?」我進一步問他。「這個嘛……要看人了,如果負責任的男人嘛,應該會一起養,可是一般都是女人養,因為男人又去找新的女朋友了。也許,這是拉丁文化的一部分吧,男人永遠長不大。」他此時倒是有些嚴肅地說。

「那麼,你結婚了嗎?我這樣問是否不禮貌呢?」「早結了,都好幾個孩子呢!我中學畢業,不願意再讀書,沒辦法,就喜歡自由自在,所以一直在餐廳做。你要知道,我憑手藝吃飯,調酒是一流的。所以呢,歐洲人喜歡喝我調的酒,每天有小費分的。這樣交女朋友就方便多了!」「你是一個坦誠的人。」「連這些私事都說得很清楚嗎?」

我打趣地說,「週五我們約個時間,你說好地方,帶我去拍照哦!」他跟我約好見面地點和時間,為了避免失誤,他寫給我手機號碼。我們擁抱告別。

Scene

哈瓦那之夜

　　哈瓦那是個不夜城，安全自不必說，玩的地方
特別多，舞廳可以隨意去，不論外國人還是當地
人，不過一般舞廳跳的是倫巴、Cha Cha 等拉丁
舞。酒吧多數集中在哈瓦那老城，大街小巷裡有
很多，坐在那裡喝酒抽雪茄，聽著樂隊彈唱，可
以度過歡快的一晚。當然，如果有興致，也可以
隨著音樂起舞，這是古巴人的天性，哪裡有音樂
哪裡就有舞動。哈瓦那的夜總會值得去看看，有
幾個因為太熱門必須提前預定門票，票價包含一
杯飲料。如果想看古巴熱舞，我推薦 Tropicana
（熱帶雨林），這是典型的古巴文化，熱情奔
放，比起巴黎紅磨坊要來得有勁多了。從老城坐
車過去要三十分鐘，所以要先約好來回的包車，
30CUC，司機會等待。除此之外還有幾個值得
推薦的，Don Cangrejo（螃蟹先生）、Salon rojo
（紅磨坊）、Bolabana（哈瓦那明珠）。

哈瓦那之夜

如果喜歡安靜，哈瓦那灣的濱海大道、普拉多大街、警察局對面的海堤、大教堂廣場等都適合漫步、發呆、與朋友聊天和吃東西。哈瓦那常年溫差小，白天稍熱，晚上海風習習，穿過城市、街道、海堤，為這裡的人們帶來清爽和安逸。

　　如果想玩得高雅，古巴國家芭蕾舞劇院絕對是必選之地，那裡的表演每月不同，事前要看門口的預告，而且門票要提前購買。在老城區，古巴人開設了不同時段的拉丁舞培訓班，從三天到七天不等，有晚上和白天的班，也是個好去處。

Mi Amigo ▰▰

在 Pedro 的畫室

我是第四次去哈瓦那時認識他的。有天下午我在民宿附近的街上閒逛，不經意看到一扇半開的窗戶裡牆上掛的油畫。走近細看，原來是畫室，而且有人正在作畫。於是我悄悄地拍了幾張。雖然想進去跟畫家聊聊，可是又怕打擾他，猶豫時，他開窗笑著對我說，「進來看會更有趣。」

他叫 Pedro，四十多歲，職業畫家。門口牆面上貼著一些照片，那是古巴最有名的三位畫家，其中一位與已故古巴領導人卡斯楚（Fidel Castro）的合照就貼在那裡。Pedro 與他們都有合影。他說自己還沒有名氣，但是去過十多個國家和地區辦展，其中包括香港。

在 Pedro 的畫室

他遞上一支雪茄，自己用手指也夾住一支，我們點上邊抽邊聊。畫室大約 30 平方公尺，樓高應該有 5 公尺左右，四周牆面掛滿作品。在他介紹的過程中，我不斷拍下畫室裡我感興趣的畫面。下午的小巷很安靜，我們坐在靠門口的破爛沙發上聊著。古巴油畫藝術發展優於拉丁美洲其他國家，每年會有國際知名的畫商和拍賣行在古巴購買作品，政府不限制創作題材，對於藝術品買賣免稅。因此，古巴油畫作品創作與買賣一直很平穩，而且可以輕鬆找到歐美藝術的熱烈、奔放、抽象和想像力等超現實主義風格的作品。

Pedro 指著牆上一幅作品，那個女孩子是她的學生，現在在哈瓦那大學藝術學院學習。每週會到畫室一二次，他不收學費，學生當他的模特兒。這孩子身材好，非常漂亮，最重要的是渾身都是靈氣。那幅畫基調灰色，像黑白攝影作品，畫中人物豐滿性感，半蹲，但姿勢令人感覺到一種悸動。他說自己畫女人比較多，女朋友也很多，女人給他帶來創作的靈感和動力。他認為一切美都源於女性，問我是否認同他的觀點。末了，他跟我要了民宿電話，學生到畫室時他打電話邀請我為這位畫中的女孩拍攝。畫室距我住的民宿走路十分鐘，距小佛羅里達餐吧十分鐘。我非常高興，他不說，我也會要求的。

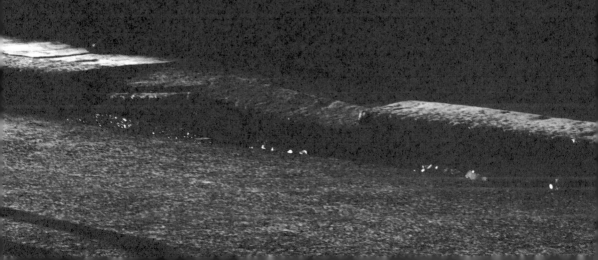

買米的女孩 Sofia

　　街的盡頭是哈瓦那警察局。門口站崗的員警荷槍實彈，樣子很威武。下午五點多的陽光斜射的影子很長，一直射到員警的配槍上。本想拍員警，可是餘光瞥見光影中的她端著盆子走過來，她應該是去買米，我暗想。於是，我守候在她回來的路上，站在路邊調好相機。一刻鐘後她果然出現，婀娜的身姿、擺動的裙子令人心動，我快速拍下一組照片。她意識到被拍了，回過頭來衝我笑著，「拍完了嗎？」她問道。

　　「沒拍完，你太美了！」我故意逗她。

　　「那我站在這裡你繼續拍吧！」她善解人意。

　　「這樣不行的，不自然了，而且光線也不對了。」

　　「哦，原來這麼多要求。」她走近我。

　　「你看看自己多美！」我給她重播剛才拍到的她。

　　「呀，沒想到吔，真神奇啊！」她驚歎著，「你如果不介意，是否為我多拍一些？我家就在幾步遠的地方。」她熱情地邀請我。

　　前行不到五十公尺的老舊建築，上樓梯到二樓，左拐是她家。樓上住了

四戶人家，中間是個天井。她介紹了母親，還有一個二歲的小女孩。「我叫 Sofia，媽媽跟我們一起住，她已經退休，剛好幫我帶帶女兒。」她帶我到客廳和陽臺，這裡臨街，可以看到剛才我拍她的地方以及警察局。「這個時段拍人像最好，再過半小時，光線太弱就沒法拍了。」我提醒她。拍完一組，又拍了母親和孩子，給他們看。她和母親端著相機，二人的頭湊到一起，一邊開心地笑一邊評論。

「請坐，我們尊貴的客人 Austin 先生。」Sofia 讓我坐在靠近陽臺的沙發上，「我去幫你煮咖啡，是古巴最好的咖啡，水晶山咖啡。」她說著就去廚房。我起身跟她到廚房，「Sofia，謝謝了，我能否喝茶或溫水，因為下午一點後我是不喝咖啡的。」我告訴她咖啡因在人體的作用是八個小時，會影響睡眠的。「哈，你還會養生呢！」她說：「沒問題，我準備檸檬水給你。我要是請你在我家用晚餐你一定不反對吧！」「很榮幸，我很樂意。」很開心可以與她們相處一會。「你看看我剛去買的米，不是我們的米，古巴米比較粗，吃起來口感不好，我覺得應該是泰國米或者南亞一帶的米，那裡的米口感細膩。」她開始在廚房忙了，我坐在客廳跟母親聊天。

「Sofia 的丈夫在政府工作，每天忙得都不在家，所以我暫時住在這裡幫他們照看孩子。」母親跟我解釋。

「那您自己的家也在哈瓦那嗎？」

「是的，在哈瓦那新城，離革命廣場不遠。」

「嗯，我去過，那裡房子都很新，好像很多是分配給政府公務員的。」我猜她以前一定是公務員。

買米的女孩 Sofia

「對，我退休前在國家電視臺工作，女兒在哈瓦那電視一台工作，她丈夫在文化部下屬機構工作，你看我們家都是文化方面的工作。」

「哦，我也是文化工作者，」我笑著說，「我從 2004 年開始拍攝古巴，每二年一次，到現在已經是第六次了，畫冊《哈瓦那迷夢》已經出版，反映古巴人和社會。」我大致介紹了拍攝情況，遺憾的是因為路途遙遠我沒有帶畫冊。

Sofia 做的晚餐是米飯加紅豆，這是拉丁美洲的主食，以及魚排、沙拉和洋蔥湯，她還做了點心，我喜歡她做的魚，有點中餐清蒸魚的感覺。這種做法與哈瓦那街頭餐廳的做法不同。晚餐後，我們喝茶聊天。Sofia 問我能否帶上電腦去文化部與他丈夫見面，請他和同事看看我拍的古巴。他每天回來得晚，不一定能見到他，「所以我為你約時間，」她顯得很興奮，「你知道，我也看過很多歐洲攝影師拍攝的古巴，大部分都是街頭攝影，而且色彩濃郁，太多了就變得普通。而我認為你的作品故事性特別強，每一幅都會給人思考的空間。我喜歡這種灰調，與那些黑白攝影作品的感受不同，像是在用淡淡的筆墨描述我們普通古巴人的生活。」她的評論很專業，所以我告訴她《哈瓦那迷夢》作品大部分是著名攝影家崔茂元教授調出來的色調，印刷前，書的設計師又調過一次，我自己是做不到的。崔茂元教授為作品所做的色調調整貼切反映出我的創作理念和主題。

我很慶幸自己認識 Sofia 和她的母親，他們從事的文化工作與我目前的拍攝密切相關，而且 Sofia 又理解我的作品。由於家裡有孩子，為了避免影響孩子的生活，我跟她約好見面時間和地點便告辭了。Sofia 送我到街口，路燈下她依然那麼優雅嫵媚。

Mi Amigo

快樂小天使 Roiada

Roiada 的家就住這棟樓裡，這是一棟年久失修的住宅，據她介紹父母從小住這裡，這樣算算至少應該有五十年光景。可是到了她家，見過爺爺奶奶我才知道這棟樓已經有百年歷史。爺爺九十歲，奶奶九十一歲，他們是我認識的古巴人裡最長壽的。

　　爺爺介紹說他曾經是名士兵，參與了很多保衛國家的戰鬥。退役後在政府工作，參與了國有化和土地改革運動。「那個年代很多美國在古巴的企業被沒收，後來古巴人的私有企業也被國有化。我們住的這棟樓以前是一家企業主的住宅，他們一家十幾口人住在這棟三層樓裡。他的企業被收歸國有之後，人就去了美國，所以這棟樓被分配給了包括我在內的三十個人。我在這裡結婚至今沒有搬過家，現在兒子一家和孫女孫子都住這裡。當然兒子的房子是工作以後政府分配給他住這裡的，只是有了孩子以後為了方便他們，我和老伴把大房子隔小了供他們住，熱熱鬧鬧的，大家有個照應。」老人思路清晰，對於歷史事件記憶清楚。上世紀 60 年代初，古巴針對莊園主頒佈過二次土地法，一次是 1959 年規定土地所有人最多只能擁有大約 100 公頃土地，第二次是擁有 60 公頃土地以上的莊園超過的部分都須收歸國有。

　　古巴土地屬於國有，在 2011 年以前房屋不得買賣，可是自那年開始，

古巴允許私人交易房產。這是過去五十多年來古巴人首次被允許在自住房屋外可以購買另一套房子。古巴人住房分三種，一種是 1959 年古巴革命後興建的五六層高的住宅樓房，一般是 50 平方公尺，兩房一廳、廁所和廚房配套；一種是哈瓦那老城區的三層高的西班牙殖民時期建築，本應一家居住的房間被隔成小房間，每層住五戶到八戶人，廁所、廚房和陽臺共同使用。這裡住戶多為生活不富裕的家庭或外省工人。我每次去哈瓦那都住在老城區那些由老建築改成的民宿裡，鄰居們都是這些人。從我住的房間陽臺看出去，對面或者旁邊的住家傢俱簡陋，四處晾著洗過的衣物，煤氣灶台隨意擺在屋子一角。但是這不影響他們愉悅的心情，晚上是他們音樂和歌唱的時間，週末可以歡樂到凌晨。

最後一種是別墅，一般大約 200 平方公尺，原來屬於革命前富人的，後來這些人離開古巴去了美國，別墅自然就由政府分配。現在別墅的主人有些是政府官員、國營企業高級主管和對國家有貢獻的人，有些是從政府購買別墅的商人。古巴法律規定，只有古巴人和在古巴定居的外國人才能買賣房屋，所以一些不合資格的外國人便出資以古巴人名義購買。已經擁有自住房的古巴人，為了開辦民宿便出資由親戚朋友購買房子。在 Prado 大街，週末會有房屋交易市場，很多人手裡舉著自製的紙牌，上面寫著出售

或出租房子的資訊不斷在人群中吆喝。對於出現的房屋買賣活躍市場，政府的評估、產權登記及銀行服務沒有出臺系統規範措施，所以評估房屋的價值隨意而且不公平。

　　我是在 Roiada 家門口認識她的。一個週六的早上，她準備去參加舞蹈訓練，出了門卻發現自己忘了帶訓練卡，於是轉身回家取卡。這一幕剛好被正在她家樓下拍攝的我看見。我發現這位渾身充滿張力的女孩時，她已經走出鏡頭，我有些遺憾。可是，我立刻發現她又往回走，進了這棟樓。我想她一定是忘記東西，回家取了還要出來。當我調整好機位和焦距，她又出現了。畫面近乎完美，黃金比例身材、一張甜美漂亮的臉洋溢著快樂，輕盈的腳步散發著自信，像似天使。

　　「Mi amor（親愛的），你要去哪裡呢？」我笑著朝她背影問道。她停下回頭望著我，「你要跟我一起去嗎？我去跳舞，不如你幫我拍些照片吧！」"Cómo no?"（為什麼不呢？）我求之不得，「你還在讀中學嗎？」我覺得她年齡小，所以試探地問。「我讀大一，主修藝術教育，跟你一樣吧！」她指著我的相機說：「舞蹈是我從小喜歡的，所以每週都去跳，從不間斷。」「需要付費嗎？」我自然會想到這棟舊樓裡的住戶，不一定收入高。「免費的，這個區政府安排的項目，除了舞蹈，還有各種樂器、運動。你不相信吧！一會你就會知道的。」在一所小學的教室，她開始與十多個年齡相仿的女孩跳舞，有二位老師指導。她事先得到老師許可，我才得以隨

意拍攝。在哈瓦那，沒有經過允許不可以拍攝學校，而國家芭蕾舞學校的拍攝必須提前至少一週向文化部提交書面申請，否則連大門都無法進入。

因為拍了很多，Roiada 約我週日去她家作客，讓家人都看看她跳舞的照片和影片，她特別提醒我帶上電腦。

雖然我們無法透過郵件聯繫，可是我經常看看這張照片和她的影片，這位古巴可愛的小天使讓我難以忘懷。

Scene 🇨🇺

人間百態－人的風景

人間百態 - 人的風景

POSTSCRIPT ▪ 後 記

　　我一直在尋找靈魂棲息地，經過多年尋覓，我驀然清醒，原來哈瓦那正是我靈魂的歸處。2017 年二月我第六次去哈瓦那，這應該是我拍攝哈瓦那的最後一次旅程。在哈瓦那的十天裡，我拍攝了微電影，為哈瓦那作品補拍了照片、與哈瓦那大學的學生座談我剛出版的《哈瓦那迷夢》，並且再次拜訪那些我認識的人們。變化中的古巴充滿活力和熱情。古巴人淳樸、友好和善良以及藝術天分感動著我，我每天隨著倫巴舞的節奏徜徉在哈瓦那古城，一遍遍地走過那些熟悉的街道和樓宇，一次次與似曾相識的人們打招呼，彷彿我在西安一樣隨意和熟悉。

　　如何看待一個城市乃至一個國家和民族？如何理解當地文化進而與當地人交往？語言可能是一大優勢，因為我可以毫無阻礙地溝通和交流。當我們想要透徹表現人的個性時，溝通和交流便是比相機更有用的利器，因為我們瞭解了被拍攝人的內心，並透過內心以影像表現其眼神。在哈瓦那我也遵循拍攝肖像的原則，努力探尋這個民族和國家的內心世界。初次到哈瓦那，我直觀印象是人們憂鬱的表情、深邃的眼神和古老深沈的建築。知道我來自中國時，幾乎每個人都想跟我聊天，瞬時間他們變得燦爛無比，隨之而來的是火熱的激情四射的古巴人，如同他們的倫巴舞令我眼花繚亂，使得我每次與他們相處都覺得時間太短。

　　在六次赴古巴完成拍攝的十三年後，我從數十萬張片子裡選出 1500 張照片，欲在一個被極度壓縮的空間中向世人展示我認識的古巴和她的個

性。不論將來如何，我堅信古巴人的堅持和信念不會改變。切‧格瓦拉說：「要面對現實，要忠於理想。」

2016 年我去臺北拜訪了大旗出版社編輯 Jack，他希望我寫一本可讀性強、圖文並茂關於古巴的書。經過篩選圖片和撰寫故事，《哈瓦那，我的朋友》終於成書。

藉此書出版之際，我特別感謝大旗出版社編輯張淑萍對稿件潤色、編輯和提煉成書做出的努力以及大旗出版社對此書出版的支持。

哈瓦那，我的朋友 Habana—Mi Amigo

在古巴遇見的 40 個朋友

作　　　　者	張曉冬
發　行　　人	林敬彬
主　　　　編	楊安瑜
責　任　編　輯	張淑萍
內　頁　編　排	菩薩蠻數位文化有限公司
封　面　設　計	菩薩蠻數位文化有限公司
編　輯　協　力	陳于雯、丁顯維
出　　　版	大旗出版社
發　　　行	大都會文化事業有限公司
	11051 台北市信義區基隆路一段 432 號 4 樓之 9
	讀者服務專線：（02）27235216
	讀者服務傳真：（02）27235220
	電子郵件信箱：metro@ms21.hinet.net
	網　　　址：www.metrobook.com.tw
郵　政　劃　撥	14050529　大都會文化事業有限公司
出　版　日　期	2018 年 1 月初版一刷
定　　　價	380 元
Ｉ　Ｓ　Ｂ　Ｎ	978-986-95983-0-9
書　　　號	Forth-023

Metropolitan Culture Enterprise Co., Ltd.
4F-9, Double Hero Bldg., 432, Keelung Rd., Sec. 1,
Taipei 11051, Taiwan
Tel:+886-2-2723-5216　Fax:+886-2-2723-5220
Web-site:www.metrobook.com.tw
E-mail:metro@ms21.hinet.net

國家圖書館出版品預行編目（CIP）資料

哈瓦那，我的朋友：在古巴遇見的 40 個朋友 /
張曉冬著. — 初版. — 臺北市：大旗出版：
大都會文化發行，2018.01
240 面；23x17 公分
ISBN 978-986-95983-0-9（平裝）

1. 遊記　2. 古巴哈瓦那

755.8319　　　　　　　　　　　106024562